시간의 목적

소중한 당신을 위해

서문

오늘날 우리는 각자의 삶에서 다양한 역할을 수행하며 살아갑니다. 그러나 왜 어떤 사람은 자신의 역할을 통해 지속적으로 성장하고, 다른 사람은 그렇지 못할까요? 이 책은 그 해답을 찾고자 합니다.

'역할'은 단순히 우리가 해야 하는 일을 의미하는 것이 아닙니다. 역할은 우리의 정체성을 형성하고, 시간을 쌓아가는 중요한 도구입니다. 이 책에서는 역할을 어떻게 정의하고, 설정하며, 실생활에서 활용할 수 있는지에 대해 구체적인 방법들을 제시합니다.

성공적인 사람들과 그렇지 않은 사람들의 차이는 종종 자신의 역할을 인식하고, 그 역할을 통해 자신을 성장시키는 능력에서 비롯됩니다. 이 책을 통해 독자 여러분은 자신의 역할을 명확히 정의하고, 이를 바탕으로 삶의 질을 높일 수 있는 방법을 배우게 될 것입니다.

이제 당신이 수행해야 할 역할을 찾아내고, 이를 통해 원하는 삶을 실현할 수 있는 여정을 시작해 보세요. 역할을 이해하고 제대로 활용할 수 있다면, 나이와 상관없이 누구나 성장할 수 있으며, 다양한 문제에서 벗어나 스스로 삶을 이끌어 나갈 수 있습니다.

목차

1부. 역할 인식

역할에 대하여 　　　　　　　　　　　　13

- 원하는 삶을 위해 필요한 것
- 삶의 균형 찾기
- 세 가지 감정 회복 습관
- 감정을 새롭게 정리하기
- 매일의 성장을 위한 구분 인식
- 감정적으로 거리 두기

역할과 정체성 　　　　　　　　　　　　23

- 일반적 역할의 정의
- 정체성이 이끄는 행동의 힘
- 삶을 변화시키는 정체성 활용
- 자연스럽게 받아들이는 변화
- 정체성 형성으로 만드는 삶의 변화

역할 설정 　　　　　　　　　　　　　　31

- 6일 만에 중단된 실험
- 마음속에 그려 넣는 변화의 씨앗
- 원하는 정체성 만들기
- 역할의 마법
- 건강한 나를 위한 첫걸음
- 정체성을 형성하는 반복적 환경
- 정체성 역할 인식 효과
- 작은 행동에서 시작되는 큰 변화
- 막연함을 구체적으로 바꾸다

- 개선과 성장을 위한 첫걸음
- 변화의 시작
  1. 시간 – 특정한 시간에 역할 설정
     역할 설정으로 의미 있는 시간을 만들다 | 감정을 다스리고 성장하는 법 | 수업 집중력을 높이는 비결 | 주도적인 삶을 위한 전략 | 성장을 결정짓는 마음가짐
  2. 만남 – 만남에 역할 설정
     영업의 비밀 | 아이 돌보기의 비결 | 불편한 대화의 전환 | 객관적으로 사람을 이해하기 | 관계와 상황에 맞게 대응하기
  3. 목적 – 목적에 따라 역할 설정
     쉼의 기술 | 부정적인 감정과의 결별 | 망설임을 넘어 실행으로 | 민망함을 이겨내는 법
  4. 일상의 역할 – 일상에서 원하는 나를 만들다
  5. 해야 할 일 – 성공을 이끄는 인식 전환법
- 반복의 힘
- 강화되는 인식과 행동의 순환

역할 관리   79

- 당신의 역할을 관리하라
- 객관적 시선으로 보는 나
  1. 역할 추가
     새로운 나를 만드는 방법 | 정체성으로 다가선 다이어트 | 필요한 변화, 새로운 시작을 위한 방법
  2. 역할 정지
     시간 관리의 전략 | 시간을 재배치하다 | 감정 조절을 위한 일시 정지

3. 역할 삭제
      원치 않는 행동을 지우다 | 정체성에 맞지 않는 행동 삭제 | 삶의 방향성을 지키기 위한 역할 삭제 | 불필요한 행동에서 벗어나기
- 철학에서 배우는 삶의 지혜
   4. 역할 포기
      자신의 행복을 지키는 현명한 선택 | 스트레스를 넘기다 | 시간 낭비를 피하는 법 | 필요할 때는 포기하라
   5. 역할 평가
      가장 집중해야 할 역할 찾기 | 하루를 망치지 않는 비결
   6. 역할 몰입
      삶의 변화를 위한 몰입 | 일상과 목표의 조화 | 일상 속에서 몰입 유지하기
   7. 역할 실패
      제어되지 않는 행동에서 벗어나기

객관적 시야   114

- 자기 인식을 높이는 방법
- 자신을 바라보는 새로운 관점
- 역할 파악 – 자신
- 역할 파악 – 타인
- 상태 파악
- 문제 해결
- 격려

역할 이야기   125

   이야기 1 ~ 이야기 10

역할 확장   146

- 역할 부여 – 태그(Tag)
- 역할 부여 – 타인, 장소
- 역할 부여 – 해야 할 일(타인)
- 역할 부여 – 신체
- 역할 부여 – 롤 모델
- 역할 인식 확장

역할 성장과 영향   155

- 역할을 통한 성장과 자기 확신
- 역할 인식과 그 영향

2부. 시간 인식

시간 인식   161

시간의 종류   163

1. 쌓는 시간
2. 흘려보내는 시간

시간의 목적   167

1부
역할 인식

역할에 대하여

원하는 삶을 위해 필요한 것

"모든 사람은 자신의 역할이 있다. 중요한 것은 각자 자신의 역할을 이해하고 그 역할을 다하는 것이다."

메러디스 벨빈

역할은 하나의 사회적 상황이나 관계를 나타냅니다.

당신이 인식하지 못할지라도, 의미 있고 소중한 관계가 있다면 그 관계의 수만큼 당신에게도 다양한 역할이 존재합니다.

원하는 삶은 있으나 원하는 역할이 없다는 것은, 갖고 싶은 것이 있지만 그 이름을 모르는 것과 같습니다. 이름을 모르면 그 대상을 정확히 알 수 없고, 비슷해 보이지만 실제로는 다른 것을 선택할 가능성이 높습니다.

원하는 삶과 역할의 관계도 이와 비슷합니다.

삶의 균형 찾기

"우리는 각자 여러 가지 역할을 맡고 있으며,
그 역할을 잘 이해하고 수행하는 것이 중요합니다."

칼 융

역할이 하나라고 생각하면, 그 역할과 자신의 삶을 동일시하기 쉽습니다.

직장인은 회사에서의 문제를 삶 전체의 문제로 여기기 쉽고, 학생은 학교 성적을 삶의 성적표로 착각할 수 있습니다.
이처럼 하나의 역할에 문제가 생기면 절망하거나 모든 것을 포기하려는 생각에 빠질 수 있습니다.

하지만 정말 그런가요?
여러 역할에 대한 인식은 이런 문제를 더 객관적이고 제한적으로 바라보게 합니다.

회사에서의 문제는 직장인 역할의 문제입니다. 직장인 역할이 생계유지에 중요한 역할인 것은 맞지만, 가족이 있고, 친구가 있으며, 출근 전, 그리고 퇴근 후의 삶이 있습니다.

어떤 하나의 역할이 아무리 중요해도, 그것은 삶의 여러 역할 중 하나의 역할임을 인식해야 합니다. 여러 역할을 인식함으로써, 삶이 단 하나의 관계나 일로만 이루어져 있지 않다는 것을 깨닫게 됩니다.

세 가지 감정 회복 습관

심리학자 구제 고지는 그의 저서《감정 정리의 힘》에서, 일류 기업에서 잠재력이 높다고 평가받는 인물들, 그리고 치열하게 일하면서도 정신적으로 무너지지 않은 사람들의 감정 회복 습관에 대해 설명합니다. 그가 설명하는 그들의 감정 회복 습관은 다음 세 가지로 정리됩니다:

첫 번째, 부정적인 연쇄 반응의 고리를 그날그날 끊어내는(비우는) 습관
두 번째, 스트레스를 느낄 때마다 감정 회복 근육을 단련하는 습관
세 번째, 가끔 멈춰 서서 자신을 돌아보고 성찰하는 습관(구제 21)

이 책을 통해 여러분은 원하는 역할을 추가하고, 관리하고, 개선하며 삶을 이끌어 가는 방법을 배우게 됩니다.
또한, 세 가지 감정 회복 습관도 자연스럽게 익히게 될 것입니다.

감정을 새롭게 정리하기

"자신의 감정을 조절할 줄 아는 사람이 가장 강한 사람이다."

《탈무드》

현재 자신의 역할이 무엇인지 스스로에게 자주 질문하는 것만으로도, 일상의 여러 역할에 대한 인식이 생기기 시작합니다.

하루 동안의 역할은 시간의 흐름, 상황, 장소의 변화, 만나는 사람에 따라 계속 바뀝니다.

역할이 바뀐다는 인식이 없으면, 감정은 아침부터 저녁까지 긴 끈처럼 이어집니다. 특히 부정적인 감정은 쉽게 끊어지지 않아 더욱 오랫동안 당신을 괴롭힐 수 있습니다.

하나의 역할이 끝나면, 그 역할을 수행하며 느꼈던 감정과 생각도 함께 끝나야 합니다. 다음 역할이 시작될 때, 이전 역할의 감정과 생각이 방해가 될 수 있기 때문입니다.

회사에서 받은 감정의 찌꺼기는 직장인 역할이 끝나는 순간 회사에 남겨두고 와야 합니다. 그 감정은 내일의 직장인 역할이 처리할 것입니다.

직장의 것들은 회사에 두고, 집에서는 부모 역할에 집중하여 그에 맞는 생각과 행동을 해야 합니다.

직장인 역할과 부모 역할은 완전히 다른 목적과 행동을 필요로 합니다.

역할이 하나가 아니라는 인식을 통해, 각 역할에 어울리는 생각과 행동이 있음을 이해해야 합니다.

현재의 역할을 명확히 인식하면서 시간을 보내면, 그에 따라 적절한 생각과 행동을 할 수 있을 뿐만 아니라, 그 시간에 대한 만족도도 높아집니다.

역할이 바뀌는 것을 인식한다는 것은, 자신에게 필요한 생각과 행동을 알고 그 상황을 맞이한다는 것을 의미합니다.

매일의 성장을 위한 구분 인식

> "당신이 할 수 있는 역할을 수행하고,
> 그 역할을 개선하는 방법을 항상 찾아라."
>
> 엘리너 루스벨트

일상에서 개선의 기회를 찾기는 쉽지 않습니다.

하지만 반복되는 하루도 구분해서 인식하고, 같은 역할이라도 '오늘의 역할'과 '내일의 역할'을 따로 생각해 보면, 일상 속에서도 더 많은 개선을 경험할 수 있습니다.

하루와 역할을 연속적으로 인식하면, 그 경험을 되짚어 보거나 다시 생각하는 일이 줄어듭니다.

하지만 하루가 완전히 끝났고, 내일은 새롭게 시작된다고 생각하면, '내일은 이렇게 해보자.' 혹은 '내일은 그 역할을 어떻게 다르게 해볼까?'라는 생각이 떠오르게 됩니다. 이 과정에서 오늘의 경험과 맡았던 역할을 돌아보게 되고, 내일의 역할에서 개선이 필요한 부분이나 변화를 주고 싶은 부분을 발견하게 됩니다.

이렇게 구분해서 인식하는 것은 감정적으로도 정신 건강에 좋습니다.

후회나 잘못한 부분은 구분된 그 순간과 역할에 두고, 현실에는 개선할 점과 앞으로 더 잘할 것이라는 긍정적인 생각을 남길 수 있기 때문입니다.

이 구분이 명확해지면, 내일과 내일의 역할에 대한 작은 설렘을 느낄 수도 있습니다.

오늘의 경험은 내일의 배움이 되고, 과거의 후회는 더 나은 미래를 위한 출발점이 될 수 있습니다. 오늘 끝난 역할도 그 경험을 바탕으로 다음에 더 잘할 수 있는 기회가 됩니다. 매일 반복되는 역할도 마찬가지입니다.

이처럼 개선의 경험이 꾸준히 쌓이면, 여러 역할에서 자신이 원하는 모습으로 성장할 수 있습니다. 자신을 더 건강하게 돌아보게 되고, 긍정적인 시각으로 내일을 바라보는 방법도 익히게 됩니다 (특정 역할에서 변화를 원할 때, 그 변화를 이루는 방법은 이후 '역할 설정' 부분에서 자세히 다룹니다).

감정적으로 거리 두기

독일의 어느 심리학자가 '장기 휴가에 따른 회복 효과는 얼마나 오래 지속되는가?'를 연구 주제로 해 직장인들을 대상으로 조사했습니다. 그 결과, 장기 휴가를 통해 일상적인 업무 스트레스와 피로감은 해소되지만, 그 효과는 일시적인 것에 지나지 않고 이내 다시 원래의 수준으로 돌아온다는 사실이 밝혀졌습니다. 오랫동안 휴가를 가도 그 효과는 단기적이라는 얘기지요. 그렇다면 어떻게 해야 할까요? 해답은 '퇴근 후에는 업무와 심리적으로 거리를 두는 것'입니다. 이를 '감정적으로 거리 두기'라고 합니다. 일단 사무실에서 나온 뒤에는 업무와 심리적으로 거리를 두고 일에 집착하지 않아야 합니다. 이 습관을 지닌 사람은 장기 휴가를 다녀온 사람보다 훨씬 더 심신이 건강했습니다.

《감정 정리의 힘》, 구제 고지

심리학자 구제 고지는 퇴근 후 업무와 '감정적으로 거리 두기'를 통해 심신의 건강을 추구할 수 있다고 말합니다(구제 67).

이는 시간의 흐름에 따라 하나의 역할이 끝나고 다음 역할이 시작될 때, 즉 역할이 바뀔 때 나타나는 자연스러운 효과입니다.

역할과 정체성

일반적 역할의 정의

　일반적인 '역할'은 학생, 직장인, 부모 등 사회적 상황이나 관계를 주로 외부로부터 부여받는 것입니다.
　이런 역할에는 사회적 기대와 상황에 따라 특정하게 기대되는 행동이 있습니다.

　예를 들어, 학생은 학교에서 공부하는 것, 직장인은 회사에서 맡은 업무를 처리하는 것, 부모는 자녀를 양육하는 것이 기대됩니다.

정체성이 이끄는 행동의 힘

우리의 생각과 행동은, 스스로 인식하지 못하는 상태에서도 정체성을 따르려는 경향이 있습니다.
이로 인해, 정체성의 영향 아래에서 다양한 '역할' 활동이 이루어지게 됩니다.

예를 들어, 환경주의자 정체성을 가진 직장인은 회사에서 요구하지 않아도 종이 사용을 최소화하고, 재활용과 에너지 절약을 적극적으로 실천할 것입니다.

정체성이란 자신이 누구인지, 다른 사람과는 어떻게 다른지를 이해하는 자기 인식(자기 이해)입니다.
개인의 목표와 이를 달성하기 위한 노력 역시 정체성에 큰 영향을 미칩니다.
정체성은 주로 내적으로 형성되며, 시간과 경험에 따라 변화하고 성장할 수 있으며, 새롭게 형성되기도 합니다.
한 사람은 여러 가지 다양한 정체성을 가질 수 있으며, 이는 그의 생각과 행동에 중요한 영향을 미칩니다.

예를 들어, 한 사람이 자신의 정체성을 환경주의자, 동물 애호가, 헌신적인 부모, 그리고 열정적인 운동가로 인식할 수 있습니다.

이러한 정체성은 재활용을 실천하고, 유기농 식품을 구매하며, 자녀와 시간을 보내고, 매일 운동하는 등의 다양한 결정과 행동에 영향을 미칩니다.

또한, 직장인이 진급을 목표로 삼으면 그 목표는 그의 정체성에 큰 영향을 미칩니다.

그 목표는 직장인으로 하여금 성실한 업무 수행자, 신뢰받는 리더, 효율적인 문제 해결자 등의 여러 정체성을 형성하게 합니다.

이렇게 형성된 정체성은 그가 더 책임감 있게 일하고, 동료들과 협력하며, 자기 개발을 위해 추가 교육을 받는 등의 행동 변화를 유도하고 선택하게 만듭니다.

삶을 변화시키는 정체성 활용

이 책에서 역할을 활용하는 것은 정체성을 이용하는 것입니다.

정체성은 우리의 생각, 행동, 그리고 다양한 결정에 자연스럽게 영향을 미칩니다.

1부에서는 역할을 활용해 원하는 정체성을 내면에 형성하고, 이를 통해 생각과 행동의 변화를 유도하여 삶을 개선하고 성장시키는 방법을 설명합니다. 이 과정에서 자연스럽게 역할을 인식하게 됩니다.

자연스럽게 받아들이는 변화

학교에 입학하면 학생이라는 역할을 자연스럽게 받아들이게 되고, 학교의 교육 프로그램을 따라야 한다고 생각합니다. 정해진 시간에 맞춰 등하교하고, 수업을 받고, 시험을 보는 것을 당연하게 여깁니다. 학교에 입학한 것이 스스로 선택한 것이 아니더라도, 학생의 역할을 받아들여 그 역할이 요구하는 것들을 자연스럽게 수용하게 됩니다.

생계를 위해 취직을 하면 직장인 역할을 받아들이고, 누가 강요하지 않아도 회사에 출근해 일하며, 자신이 생각하는 직장인의 정체성에 따라 행동합니다. 갑작스럽게 일상이 바뀌고 자신의 행동이 달라져도 이를 당연하게 받아들이며, 의문을 품지 않습니다. 바뀐 일상이 힘들어도, 직장인으로서 그런 변화를 당연하게 여깁니다.

갑자기 배우고 싶은 악기가 생겨 학원에 등록했다고 생각해 봅시다. 갑작스럽게 학원에 다니기 시작했더라도, 레슨 시간과 요일에 맞춰 학원에 가고, 레슨을 듣는 것이 너무도 당연한 일과 역할이 됩니다. 레슨이 있는 날에는 당연히 그 강의실에 있어야 한다고 생각하고, 뜻하지 않게 레슨을 놓치게 되면 뭔가 잘못됐다고 느낄 것입니다. 악기 레슨을 듣는 것은 일상에 없던 갑작스러운 사건임에도, 당신은 자연스럽게 수강생으로서의 역할과 정체성에 맞는 생각과 행동을 선택합니다.

어떤 역할을 '자신의 역할'로 받아들였을 때 생기는 정체성의 힘은 강력합니다.

'학생이면 평일 아침에 학교에 가고, 시험도 봐야죠.'
'직장인이면 정해진 시간에 출근해서 업무를 처리해야 합니다.'
'월요일 저녁 7시에는 악기 레슨이 있어서 학원에 가야 해요.'

당신이 원하는 변화를 당연히 해야 할 것으로 느껴지도록 만들었을 때, 원하는 변화가 시작됩니다.

정체성 형성으로 만드는 삶의 변화

정체성은 여러 방식으로 형성되지만, 스스로를 명확히 정의할 때 가장 강력하게 형성됩니다.

자신이 누구인지 분명히 인식하면, 그에 따른 행동과 사고가 일관되게 이루어지며 강한 정체성이 자리 잡습니다.

이 책에서 제시하는 역할 활용법은 바로 이러한 과정을 돕는 것입니다.

역할을 통해 원하는 정체성을 의도적으로 형성하고, 필요한 생각과 행동을 자연스럽게 변화시키는 다양한 방법을 제시합니다.

이 과정은 자신이 의도한 방향으로 자연스럽게 성장하도록 도와주며, 삶의 여러 측면에서 큰 도움이 될 것입니다.

역할 설정

6일 만에 중단된 실험

　필립 짐바르도의 스탠퍼드 교도소 실험(Stanford Prison Experiment, SPE)은 역할에 따른 행동 변화를 연구한 가장 유명한 실험 중 하나입니다.

　이 실험에는 24명의 남성 대학생들이 참여했으며, 신체적 및 정신적으로 건강한 자원봉사자 중에서 선발됐습니다.

　참가자들은 무작위로 수감자와 감시관 역할을 부여받았습니다.

　스탠퍼드 대학교의 지하실을 교도소처럼 꾸며 실험을 진행했습니다.

　수감자들은 죄수복을 입고, 감시관들은 유니폼과 채찍을 활용할 수 있는 권한을 부여받았습니다.

　감시관으로 지정된 참가자들은 시간이 지나며 점차 공격적이고 비인간적인 행동을 보이기 시작했으며, 수감자들은 점차 순응하고, 일부는 정신적 붕괴를 경험했습니다.

　2주간 계획되었던 실험은 참가자들의 심각한 정신적 스트레스로 인해, 6일 만에 실험이 중단되고 조기 종료되었습니다.

　이 실험은 부여된 역할에 따라 개인의 사고와 행동이 크게 변할 수 있다는 강력한 사례를 보여줍니다.

　연구와 같이, 부여받은 역할도 강력한 힘을 발휘하지만, 스스로 결정한 역할은 더욱 강력합니다.

마음속에 그려 넣는 변화의 씨앗

스탠퍼드 교도소 실험에서 알 수 있듯이, 역할을 부여하는 것에는 큰 힘이 있습니다.

역할은 명확하고 뚜렷한 모습을 마음속에 그려 넣기 때문입니다.

우리는 스스로 특정 역할을 결정함으로써, 행동을 개선하고 삶을 원하는 방향으로 이끌 수 있습니다.

이를 '역할 설정'이라고 합니다.

원하는 정체성 만들기

'역할 설정'은 스스로 원하는 역할(역할의 정의와 행동 목표)을 명확히 결정하고, 그 역할이 '자신의 역할 중 하나'임을 굳게 믿으며 반복적으로 상기함으로써 이루어집니다.

'○○ 역할은 나의 역할이다.' 또는 '나는 ○○ 역할을 맡았다.'라는 결심과 반복적인 되새김을 통해, 그 역할은 점차 내면에 받아들여지고 인식되기 시작합니다.

이렇게 스스로 명확히 정의하고 내면에 인식된 역할은, 결국 정체성의 일부로 자리 잡게 됩니다.

이때부터는 인식된 역할의 정의(행동 목표)에 따라 생각하고 행동하는 것이, 정체성에 맞게 행동하는 것처럼 자연스럽고 옳다고 느껴지기 시작합니다.

반면, 인식된 역할의 정의(행동 목표)에서 벗어난 생각이나 행동을 할 때는, 정체성이 어긋나는 것 같은 심리적 불편함을 느끼게 됩니다.

역할의 마법

친한 친구의 부탁으로 갑작스럽게 어린이 공원에서 뽀로로 캐릭터 알바를 하게 되었다고 상상해 보세요.

정해진 시간에 맞춰 어린이 공원에 가서 캐릭터 옷을 입고, 아이들이 다가올 때마다 마치 뽀로로가 된 것처럼 행동하며 아이들과 놀아줄 것입니다.

자신이 알고 있는 캐릭터의 움직임과 행동을 최대한 따라 하며, 캐릭터 역할을 잘해내는 것이 당연한 일처럼 느껴질 것입니다.

갑작스럽더라도, 예상치 못했던 어떤 역할이라도 자신의 역할로 받아들이고 인식하면, 그 역할에 맞게 생각하고 행동하게 됩니다.

캐릭터 알바 중 힘들고 지칠 때면 마음속으로 이렇게 생각할 것입니다.

'난 지금 뽀로로니까, 힘들어도 아이들에게 크게 크게 손을 흔들어 주자. 뽀로로니까 그렇게 해야지.'

이런 생각은 누가 시켜서 하는 것이 아닙니다.

그 캐릭터를 자신의 역할로 받아들이고 분명히 인식하고 있기 때문에, 자연스럽게 그렇게 생각하고 행동하는 것입니다.

건강한 나를 위한 첫걸음

신혜는 건강한 식사 습관을 갖고 싶었지만, 습관적으로 패스트푸드를 선택하는 나쁜 습관이 있었습니다. 지난주 회사 건강검진에서 콜레스테롤 수치가 정상 범위를 벗어나 관리가 필요하다는 결과를 받고, 이제 정말 변화가 필요하다고 결심했습니다. 그녀는 역할 설정을 통해 식습관을 개선하기로 했습니다.

'패스트푸드를 먹는 건 내 역할이 아니야. 이제 나는 패스트푸드를 먹지 않는 사람이야.' 라고 결심하며, 반복해서 이 결심을 되뇌어 자신의 내면에 인식시켰습니다.

점심시간, 신혜는 습관적으로 어떤 햄버거를 먹을지 떠올리다가 멈칫하며, 자신이 설정한 역할을 떠올렸습니다.
'맞아. 난 패스트푸드는 먹지 않는 사람이야. 패스트푸드를 먹는 건 내 역할이 아니야.'
그녀는 패스트푸드를 아예 선택지에서 제외하고, 샐러드를 점심으로 선택했습니다.
이후에도 햄버거가 떠오를 때마다, 그녀는 자신이 결심한 역할을 떠올렸습니다.

'패스트푸드를 먹는 건 내 역할이 아니야. 난 패스트푸드는 먹지 않는 사람이야.'

한 달쯤 지났을 때, 그녀는 더 이상 햄버거를 떠올리지 않게 되었습니다. 회사에서 단체로 패스트푸드를 먹을 때, 그녀는 마치 자신의 정체성에 어긋난 행동을 하는 것처럼 느꼈습니다.

주말에 오랜만에 만난 친구가 "너 햄버거 좋아하지? 점심으로 햄버거 먹으러 가자!"라고 제안했을 때, 그녀는 진심으로 "아니. 햄버거 말고 다른 거 먹으러 가자. 난 이제 햄버거 안 먹어."라고 말했습니다.

식습관을 개선하기 위한 역할 설정 과정은 '나는 건강한 식습관을 추구하는 사람'이라는 정체성을 그녀의 내면에 깊이 심어주었습니다. 식사 선택의 순간마다 반복한 역할 결심이, 그녀의 내면에 심어진 정체성을 더욱 강화시켰습니다.

정체성을 형성하는 반복적 환경

앤 린 교수는 미국 웨스턴 켄터키 대학교에서 '기숙사 생활이 학생들에게 미치는 영향'을 연구했습니다.

연구 결과에 따르면, 기숙사 생활은 그들이 자신의 '학생' 역할을 더 자주 인식하게 하여 그들의 '학생 정체성'을 강화시켰습니다.

강화된 학생 정체성은 학생들에게 기대되는 사회적 및 개인적 행동을 더 적극적으로 실천하게 하여, 학문적 성과 향상과 사회적 참여 증가로 이어졌습니다.

이 연구는 특정 역할을 반복적으로 인식하는 상황이 그 역할과 정체성을 강화시키며, 이를 통해 해당 역할을 더 잘 수행하게 된다는 사실을 보여줍니다.

우리는 특정 역할을 지속적으로 인식하게 만드는 장소, 즉 기숙사, 학교, 군대, 회사, 집 등에서 그 역할을 빠르게 자신의 역할과 정체성으로 받아들입니다. 반대로, 자신의 역할이 분명히 있음에도 불구하고 그 역할을 인식할 상황이 드물다면, 그 역할의 존재를 잊기도 합니다.

학생, 군인, 직장인, 사업가, 부모 등의 역할은 그 역할을 인식하게 만드는 상황이 빈번하여 자연스럽게 자신을 그 역할로 인식하고, 동시에 그것이 정체성으로 자리 잡습니다.

예를 들어, 학생이라면 '학생'이라는 역할 자체를 자신의 역할이자 정체성으로 인식합니다. 학생 역할에 사회적 및 개인적으로 기대되는 행동, 즉 학교에 출석하고 시험을 보는 것을 선택하며, 인식된 학생 정체성으로 인해 학생답게 생각하고 행동하는 것이 당연하다고 여깁니다.

정체성 역할 인식 효과

 스탠퍼드 교도소 실험에서 감시관 역할과 수감자 역할을 맡은 참가자들은 처음에는 그 역할이 어색했지만, 곧 생각과 행동이 빠르게 바뀌었습니다. 감시관 역할을 맡은 참가자들은 점차 더 독재적이고 가혹하게 변했으며, 수감자 역할을 맡은 참가자들은 순응하거나 반항하는 등 실제 수감자처럼 행동했습니다.

 이 현상은 앞선 연구를 통해 알게 되었듯이, 감시관이 수감자를 만나는 상황이나 수감자가 감시관을 만나는 상황이 반복되면서, 부여된 역할에 대한 인식과 정체성이 빠르게 강화된 결과로 볼 수 있습니다.

작은 행동에서 시작되는 큰 변화

　미국 메인 대학교의 스티븐 마크스와 S. 맥더미드는 대학생 333명을 대상으로 '다양한 역할이 개인의 삶에 미치는 영향'을 조사했습니다.
　연구 결과, 여러 역할을 효과적으로 조절하고 관리하는 학생들은 정신 건강, 학업, 사회생활 등 삶의 만족도가 높고, 성적도 우수하며 친구들과 보내는 시간도 더 많은 것으로 나타났습니다.
　이 연구는 삶의 만족도를 높이기 위해, 일상의 다양한 역할을 인식하고 관리하는 적극적인 노력이 필요함을 보여줍니다.

　위 연구는 여러 일상적인 역할의 만족이 전반적인 삶의 만족에 중요한 영향을 미친다는 것을 보여줍니다.
　또한, 다양한 역할을 인식하고 관리하는 노력이 필요함을 설명합니다.

　역할 설정은 일상의 작은 행동을 개선하기 위해 시작하지만, 관련된 일상의 역할을 인식시키는 효과가 있습니다.

예를 들어, 운전 습관을 개선하기 위해 **'나는 안전 운전 하는 사람이야. 과속하는 것은 내 역할이 아니야.'** 라고 역할을 설정했을 때, 그는 어느 순간 일상에 '운전자 역할'이 있음을 자연스럽게 인식하게 됩니다.

당신에게 '운전자 역할'이 있나요?
이 사람은 운전을 계속 해왔지만, 그것을 역할로 인식하지 못했습니다.
인식되지 않은 역할은 쉽게 조절하거나 관리하기 어렵습니다.
운전 습관을 개선하는 것이 단순히 '운전자 역할'에 그치지 않고, 자신의 성격이나 성향을 변화시키는 더 큰 영역으로 연결되기 때문입니다.
역할이 인식되면, 비로소 그 역할과 관련된 행동을 조절하고 관리할 수 있게 됩니다.

막연함을 구체적으로 바꾸다

일상의 여러 역할을 인식하고 정의하면, 그 역할에 맞는 특정 행동이나 습관을 지속적으로 개선하고 관리할 수 있습니다.

원한다면 각 역할에 대한 구체적인 목표도 설정할 수 있습니다.

반대로, 역할을 인식하고 정의하지 않으면 개선이 막연하게 느껴지고, 개선할 것을 정했다 하더라도 실천이 어렵게 느껴질 수 있습니다.

이는 학생에게 "공부를 잘해야 한다."라고 말하거나, 직장인에게 "꾸준히 자기 개발 하세요."라고 말하는 것과 비슷합니다.

맞는 말이지만 구체적이지 않아 실현 가능성이 작게 느껴지기 때문입니다.

일상의 여러 역할을 인식하면 각 역할이 구분되어 생각되고, 그제야 각 역할에서 개선과 성장이 필요한 부분이 파악되기 시작합니다.

이때부터는 개선을 위해 무엇을 해야 할지도 분명하게 알 수 있게 됩니다.

이는 공부를 그 자체로 받아들이는 것이 아니라, 여러 과목으로 구분하여 인식하는 것과 같습니다.

공부가 여러 과목으로 이루어져 있으며, 각 과목마다 배우는 내용과 쓰임이 다르다는 것을 알게 되면, 성적이나 삶에서 원하는 변화를 이루기 위해 어떤 과목에서 무엇을 해야 할지 분명하게 알 수 있게 됩니다.

예를 들어, '공부를 잘해야 한다.'라는 전체적인 생각에서 '한국사 과목에서 10점 높은 점수를 목표로 하자.'라는 구체적인 성적 목표로 바뀌는 것입니다.

또는, '나는 수학자가 될 거니까 수학에서는 만점을 받을 거야.'라고 분명한 방향성과 목적의식을 갖게 되는 것입니다.

이런 변화는 스스로 필요를 느끼고 실현 가능하다고 인식되기 때문에, 더욱 능동적으로 목표 달성을 위해 집중하게 됩니다.

역할을 통해 개선과 성장을 이루는 것은, 여러 조각의 레고로 만든 물건에서 변화를 원하는 부분의 레고 조각을 교체하는 것과 같습니다.

조각으로 구성되어 있어 교체가 가능하고 실제로도 쉽습니다.

하지만 여러 조각이 아닌 하나로 이루어진 물건의 특정 부분을 바꾸는 것은 어렵게 느껴지고, 실제로도 바꾸기 어렵습니다.

개선과 성장을 위한 첫걸음

 일상의 여러 역할은 각기 다른 목적, 행동, 목표를 가지고 있지만, 이 역할들이 합쳐져 하루의 생활과 삶을 이룹니다.
 각 역할의 의미를 깊이 이해하고, 역할마다 원하는 모습으로 존재할 수 있을 때, 진정한 삶의 만족에 더 가까워질 것입니다.

 특히 중요한 역할에 대해서는 그 역할의 목적과 필요한 행동을 명확히 인식하고 정의하는 것이, 그 역할의 개선과 성장에 도움이 됩니다.

 어떤 역할의 어느 부분에서 개선이 필요하다고 생각되면, 그것은 실현 가능한 것이라고 인식됩니다.
 무엇을 해야 할지 분명하게 그려지고, 실제로 행동으로 옮길 수 있으며, 결국 현실에서 변화를 일으킬 수 있습니다.
 (역할의 개선과 성장을 위해 '역할 설정'과 이후 '역할 관리'를 활용할 수 있습니다.)

 역할을 이용한 개선과 성장은 스스로 변화의 주체라는 인식을 느끼게 하여, 자기 신뢰와 믿음을 형성하는 데 도움을 줍니다.

이는 변화와 성장의 가장 큰 동력이 되며, 어려운 환경에서도 미래를 바라보게 하는 힘을 줍니다.

변화의 시작

　중요한 것은 역할을 실제로 이용하는 것입니다.
　변화를 바라는 그 무엇이든(시간, 행동, 일, 관계 등), 아주 작은 것이라도 역할을 이용(역할 설정, 역할 관리)해서 도움을 얻을 수 있습니다.

　'난 건강한 식사 습관을 원해. 패스트푸드를 먹는 건 내 역할이 아니야. 이제 나는 패스트푸드를 먹지 않는 사람이야.'

　'나는 안전 운전 하는 사람이야. 과속하는 것은 내 역할이 아니야.'

　설명이 길었지만, 원하는 역할을 정하고 받아들이는 것이 전부입니다.
　간단합니다.

　이제 여러 가지 역할 설정 방법에 대해 살펴보겠습니다.

1. 시간 – 특정한 시간에 역할 설정

특정한 시간에 역할을 설정하는 방법입니다.

역할 설정으로 의미 있는 시간을 만들다

정미는 회사의 전체 회의에 참가하는 것을 싫어했습니다. 200명이 참석하는 회의에서 임원들의 설명만 듣고 있는 자리가 답답하고 괴로웠습니다. 그러나 중간 관리자로서 회의 참석을 피할 수 없었습니다. 한 달에 한 번, 두 시간 동안 진행되는 전체 회의는 그녀에게 고통이었습니다. 정미는 이 상태를 바꾸고 싶었습니다.

역할 설정에 대해 배운 후, 정미는 회의에 앞서 마음속으로 결심하고 역할을 설정했습니다.

'난 이제 회의 서기 역할이야. 모든 회의 내용을 요약해서 기록하겠어.'

두 시간의 회의 시간이 아깝다는 생각에 내린 결정이었습니다. 회의 시간에는 필기 외에 할 수 있는 일이 거의 없었기 때문입니다.

다시 전체 회의에 참가하게 되었습니다. 참석 전에 필기도구와 노트를 챙겼습니다. 회의가 시작될 때 마음속으로 '난 이제 서기 역할이야. 모든 회의 내용을 요약해서 기록하겠어.'라고 되뇌며, 회의 내용을 필기하기 시작했습니다. 처음 서기 역할을 맡았으니 내용을 요약하는 방법을 연습해야겠다는 생각이 들어, 여러 요약 방법을 시도하며 열심히 회의 내용을 기록했습니다.

역할 설정 이전에는 회의가 끝날 때쯤이면 앉아만 있었음에도 완전히 지쳐 있었습니다. 하지만 이후에는 오히려 기운이 더 생긴 것 같은 느낌이 들었습니다. 정미는 요약한 내용을 정리하여 문서로 만들고, 팀원들에게 공유했습니다. 문서를 통해 내용을 공유하니, 팀원들에게 설명도 쉬워졌고, 그들의 이해력도 높아졌습니다.

역할 설정은 답답하고 괴로웠던 회의 시간을 만족스러운 시간으로 바꿔주었습니다.

정미가 참여하는 회의에서 그녀의 역할은 '참가자'로 정해집니다. 이는 회사에서 부여한 역할로, 그녀는 자신을 수동적인 참가자로 인식하게 됩니다. 회의에 대한 거부감은 수동적인 역할로만 존재해야 하는 시간이 아깝다는 마음의 신호이자, 수동적으로 부여된 역할에 대한 내면의 거부감에서 비롯된 것입니다.

수동적인 역할을 능동적인 역할로 전환하지 않으면, 내면에서 수동적인 상태로 상황을 맞이하게 되어 시간을 낭비할 수 있습니다. 그러나 **역할 설정을 통해 스스로 역할을 결정하면, 상황을 받아들이는 감정과 그 상황에 임하는 생각과 행동이 능동적으로 바뀝니다.**

정미가 수동적인 역할로 회의에 참가했을 때, 그녀는 아무런 역할도, 목적도, 의미도 찾지 못했습니다. 그러나 스스로 역할을 결정한 후 회의에 임하자, 정미는 회사에서 기대했던 대로, 그리고 자신이 설정한 직장인 역할에 맞게 주체적으로 시간을 활용하며 존재할 수 있었습니다.

감정을 다스리고 성장하는 법

정미가 참가하는 또 다른 회의는 성격이 달랐습니다. 이 회의는 업무와 직접 관련된 주제를 다루고, 다른 부서와 의견 충돌이 잦았습니다. 정미는 감정을 드러내는 것이 자신에게 아무런 이득이 없다는 것을 잘 알고 있었지만, 의견 충돌이 심할 때는 감정과 행동을 조절하기가 쉽지 않았습니다. 더 성장하고 싶었던 정미는 역할 설정을 활용하기로 했습니다.

회의 전에 그녀는 마음속으로 **'나는 회의에서 아주 평온한 사람이야. 회의에서 흥분하는 건 내 역할이 아니야. 나는 잘 듣고 잘 말하는 사람이야.'** 라고 결심했습니다. 그리고 자신의 회의 자료 한구석에 '역할'이라는 글씨를 써놓았습니다.

정미는 '역할'이라는 글씨를 볼 때마다, 그리고 결심한 역할을 속으로 되뇔 때마다 마음이 실제로 평온해지는 것을 느꼈습니다. 다른 부서에서 정미의 업무를 무시하거나 잘못된 사실을 발표하는 중에도, 그녀는 냉철하게 적절한 시간을 기다려, 편안한 목소리로 정확한 사실만을 간결하게 전달했습니다.

회의가 끝나고, 정미는 스스로 대견함을 느꼈습니다. 그 어느 때보다 만족스러운 회의였습니다. 이전에는 몰랐지만, 냉철하고 여유로운 태도가 더욱 공감을 불러일으킨다는 사실도 알게 되었습니다. 몇 달 후, 정미는 회의를 주재하는 임원으로부터 객관적인 사고를 지녔고, 의견 수렴과 개진이 탁월하다는 평가를 받았습니다. 정미는 스스로도 자신이 성장했다고 느꼈습니다.

수업 집중력을 높이는 비결

목적이 분명한 시간이 예정되어 있다면, 미리 자신의 역할을 인식하고 설정할 수 있습니다. **역할을 정하는 것은 그 시간의 목적을 다시 한번 상기시키고, 집중력을 높이는 좋은 방법입니다.**

학생이라면 각 시간마다 배우는 과목에 대해 미리 인지하고, 그 수업에서 어떤 역할을 수행할 것인지 정할 수 있습니다. 미리 역할을 설정해 놓으면, 수업이 시작되고 끝날 때마다 역할이 바뀌며, 과목마다 완전히 다른 내용을 배운다는 것과 현재 수업이 어떤 목적을 위한 것인지 다시 한번 상기하게 됩니다. 역할이 바뀜에 따라 기분 전환이 되고, 수업에 더 집중할 수 있습니다.

예를 들어, 수학 수업과 세계사 수업이 예정되어 있다면, 미리 수학 시간에는 **'포기하지 않는 수학자'**, 세계사 시간에는 **'세계사 집필 준비 중인 역사학자'**로 역할을 설정할 수 있습니다.

수학 수업이 시작되면 마음속으로 '나는 포기하지 않는 수학자야. 어려운 문제라도 포기할 수 없어.'라고 정한 자신의 역할을 되뇌며, 이번 수학 수업에서 얻어야 할 배움을 능동적으로 인식하려 합니다.

수학 수업이 끝나면 이제 '역사학자' 역할로 자연스럽게 세계사 수업의 목적과 배울 내용을 상기하게 됩니다. 세계사 수업이 시작되기 전에는 마음속으로 '난 이제 세계사 집필 준비 중인 역사학자야. 무슨 일들이 있었는지 내 나름대로 정리해 보겠어.'라고 되뇌며 수업에 집중합니다.

특정 과목에 대한 역할 설정이 아니더라도, 평소 수업 시간에 집중력이 떨어진다면 **'학교에 있는 동안 수업 내용을 기록하고 요약하는 기록자'** 역할을 맡을 수도 있습니다.

주도적인 삶을 위한 전략

수동적으로 역할을 부여받았거나, 힘들고 피하고 싶은 시간이 예정되어 있다면, 그 시간을 어떻게 바꾸고 싶은지 잘 고민하고 역할을 설정해 보세요.

스스로 역할을 결정하는 과정을 거치면, 그 시간을 당신에게 의미 있는 시간으로 바꿀 수 있습니다.

목적이 분명한 예정된 시간이 있다면, 미리 당신의 역할을 정해 보세요.

그 시간이 되었을 때 미리 정한 역할에 맞게 생각하고 행동하세요.

그 시간의 목적을 인식하며 상황에 맞게 원했던 역할을 수행할 수 있을 것입니다.

성장을 결정짓는 마음가짐

캐럴 드웩은 그의 책 《마인드셋》을 통해 한계에 대한 마음가짐을 바꾸는 것만으로도 성장이 가능하다고 주장합니다.

그는 성장에 대한 관점이 자신이 되고 싶은 사람이 될 수 있는지, 인생의 가치를 실현할 수 있는지를 결정한다고 말합니다 (Dweck).

이 책은 자신의 역할을 고민하고 결정하는 것 자체가 성장이라고 이야기합니다.

역할을 활용하는 것은 자신의 변화를 스스로 선택하는 적극적 성장 행위입니다.

2. 만남 – 만남에 역할 설정

누군가를 만날 때, 역할을 설정하고 만나는 방법입니다.

영업의 비밀

영업직인 진우는 강 사장에게 회사의 물건을 납품하고 싶었습니다. 이 거래가 성사되면 내년에 연봉이 크게 오를 가능성이 있었기 때문입니다. 강 사장은 진우를 잘 만나주었지만, 납품 이야기가 나오면 불편해하며 대화를 피했습니다. 진우는 친밀해질 때까지 납품 이야기를 하지 않는 것이 좋겠다고 생각했지만, 대화가 잘 풀리면 자신도 모르게 납품 이야기를 꺼냈고, 그때마다 강 사장은 대화를 마무리하고 자리를 떠났습니다. 그럴 때마다 쌓였던 친밀함도 무너지는 것 같았습니다.

이렇게는 안 되겠다고 생각한 진우는, 최근 배운 역할 설정을 이용하기로 했습니다. 그는 일단 친밀함을 쌓아야겠다고 결심하고,

'나는 강 사장의 나이 어린 친구야. 나는 영업 사원이 아니라 그의 친구야. 그게 내 역할이고 지금의 나 자체야.'라고 되뇌며, 이를 자신의 역할로 내면에 새겼습니다.

그 후로 강 사장과 대화 중 납품 이야기를 하고 싶을 때마다, 설정한 역할을 떠올리며 '친구에게 회사 이야기는 하지 말자.'라고 생각하며 참았습니다. 강 사장을 만나러 가기 전에도 자신의 역할을 떠올리며 '오늘은 친구와 어떤 대화를 나눌까? 친구가 지난번에 무슨 이야기를 했더라?'라고 생각하며 만남을 준비했습니다.

두 사람은 점점 정말 친구처럼 친밀하게 대화하게 되었습니다. 어느 날, 강 사장이 먼저 납품 이야기를 꺼냈습니다. 이번에는 진우가 오히려 친구를 배려하며, 회사 이야기를 하는 것이 불편하지 않겠냐고 물었고, 강 사장은 진우가 있는 회사라면 불편하지 않겠다며, 거래를 원한다고 했습니다.

처음에 진우는 강 사장에게 특별한 관심 없이 판매를 목적으로 그를 만났지만, '친구 역할'을 통해 이 일이 단순히 물건을 판매하는 것이 아니라, 사람을 만나는 일이라는 것을 깨달았습니다.

이후 진우는 이전과는 다른 자세로 업무(영업을 위한 만남)에 더욱 집중하게 되었고, 직장인 역할에 대한 자신만의 정의를 갖게 되었습니다.

그는 회사가 부여한 단편적인 역할을 입체적으로 정의하는 능동적인 주체가 되어, 상황에 맞게 자신의 역할을 설정하고 행동을 선택하여 목표를 이루었습니다.

아이 돌보기의 비결

유리는 언니의 아이들을 돌봐주기로 했습니다. 네 시간 동안 5살과 7살 남자아이 2명과 언니 집에서 시간을 보낼 예정이었습니다. 언니에게 용돈을 받기로 했지만, 그것보다는 조카들과 진심으로 친해지고 싶은 마음이 더 컸습니다. 유리는 이때 역할 설정을 활용하기로 했습니다.

'오늘 난 어린이집 선생님이야!'

조카들을 돌보는 상황에서 자연스럽게 떠오른 역할이었습니다.

비록 어린이집 선생님에 대해 잘 몰랐지만, 아이들을 돌보는 전문가라는 사실은 알고 있었습니다. 이 역할을 설정하니 왠지 자신감이 생겼습니다.

조카들은 끊임없이 움직이며 돌아다녔고, 목소리도 컸습니다. 둘이 잘 놀다가도 금방 다투기도 했습니다. 유리는 계속해서 '나는 어린이집 선생님이야.'라고 마음속으로 되뇌었습니다. 정신없는 상황 속에서도 이 역할을 떠올릴 때마다 다시 집중력을 유지할 수 있었습니다. 조카들이 우유를 거실에 엎지르고 장난을 칠 때 정말 화가 날뻔했지만, 되뇌던 역할 덕분에 마음속으로만 화가 났고, 목소리와 행동은 차분하게 유지할 수 있었습니다. 유리는 다시 역할을 떠올리며 아이들을 잘 달래고, 함께 엎질러진 우유를 치웠습니다.

약속된 시간이 되어 언니가 집에 돌아왔습니다. 조카들은 유리가 간다고 하자 울며 헤어지기 싫어했습니다. 유리는 네 시간 동안 너무 힘들었지만, 조카들의 반응을 보며 오늘 역할을 잘해낸 것 같아 위로를 받았고, 조카들과 원했던 대로 친해진 것 같아서 기분이 좋았습니다. 또한, 다음에는 더 잘할 수 있을 것 같다는 자신감이 생기면서, 진짜 어린이집 선생님의 아이 돌보기 방법이 궁금해졌습니다.

'어린이집 선생님' 역할은 아이들과 함께 있을 때 큰 도움이 됩니다. 아이들은 에너지가 넘치고 지나치게 자유로워 종종 화나는 순간이 발생하지만, 이 역할을 설정하고 아이들과 함께하면, 신기하게도 화가 덜 나고 차분하게 아이들을 지도할 수 있습니다.

불편한 대화의 전환

민지는 아빠와 함께 점심을 먹기로 했습니다. 아빠는 두 시간 거리의 시골에 사시는데, 민지가 사는 곳 근처의 큰 병원에 정기적으로 진료를 보러 오십니다. 그럴 때마다 민지와 함께 점심을 먹습니다.

얼마 전까지 민지는 아빠와의 점심시간이 편하지 않았습니다. 정치와 아이들 교육에 관한 의견 차이와 아빠의 강한 자기주장 때문이었습니다. 민지는 아빠와 만날 때마다 오히려 사이가 어색해지는 것 같아 고민이 많았습니다. 그러다 역할 설정에 대해 배우게 되었습니다. 민지는 진지하게 고민한 끝에,

'**나는 부모님 말씀을 특히 잘 들어주는 경청가야.**'라고 결심하며 역할을 설정했습니다.

이제 곧 아빠와 만나 점심을 먹을 시간입니다. 민지는 다시 한번 자신의 역할을 마음속으로 되뇌며 아빠를 만나러 갔습니다. 식사가 시작되자 아빠는 아이 교육에 관한 당신의 생각을 말씀하기 시작했습니다. 민지는 마음속으로 반복해서 자신의 역할을 되뇌었습니다.
'나는 부모님 말씀을 특히 잘 들어주는 경청가야.'

이전이라면 결국 못 참고 "아빠, 그만해. 잘 알아서 할게!"라고 말했겠지만, 이번에는 역할을 떠올리니 마음이 차분해지며 정말 집중해서 듣게 되었습니다. 대화가 이어지며 민지는 자연스럽게 "어? 그런 게 있어요? 그건 어떤 건데요?"라고 되묻기도 하며, 밝은 분위기 속에서 이야기를 나누었습니다.

아빠와의 만남은 이후로 점점 편해졌고, 관계도 서서히 친밀해졌습니다. 민지는 아빠와의 만남이 편해진 이후, 회사의 상사나 나이 많은 어른과 함께할 때도 '경청가' 역할을 설정했고, 이 역시 효과가 있었습니다. 이제 민지는 부모님처럼 나이 많은 분들과 대화하는 것이 오히려 더 편하다고 느끼게 되었습니다.

민지는 아빠와의 불편한 식사 자리를 개선하기 위해 역할 설정을 활용했습니다. 이 역할 설정은 어쩔 수 없이 정해진 진료 일정에 따른 만남이라는 인식을, 자신이 주도적으로 참여하는 만남으로 바꿔주었습니다.

무엇보다 민지는 자신이 부모님에게 적절한 배려를 할 수 있는 사람이라는 것을 깨닫게 되었습니다. 나이 많은 다른 사람들과의 대화에서도 이 역할 인식은 효과를 발휘했습니다.

이는 민지에게 연장자를 배려하는 사람이라는 정체성이 형성되었기 때문입니다.

객관적으로 사람을 이해하기

어떤 사람에 대해 알고 싶을 때, 역할 설정을 활용하는 방법이 있습니다.

예를 들어, 'ㅇㅇㅇ를 알아보는 역할'로 자신의 역할을 설정할 수 있습니다.

그 사람을 제대로 이해하고 싶다면, 바꾸거나 고치려 하거나 설득하려 하기보다는 그 사람의 생각을 듣고 행동을 관찰해야 합니다. 그래야 그 사람을 있는 그대로 파악할 수 있습니다.

하지만 이 과정은 생각보다 쉽지 않아, 자꾸만 자신의 생각과 감정을 표현하게 됩니다. 이럴 때 역할 설정을 활용하면, 만남의 목적이 분명해지며, 보다 객관적인 시각으로 그 사람을 알아볼 수 있는 시간을 가질 수 있습니다.

관계와 상황에 맞게 대응하기

동일한 사람을 만난다 해도 당신의 역할은 계속 변할 수 있습니다.

지난 만남에서는 경쟁자였지만, 이번 만남에서는 친구일 수 있고, 다음 만남에서는 적이 될 수도 있습니다.

한 사람과의 관계도 처음에는 친구로 시작해 연인으로, 그리고 가족으로 역할이 바뀔 수 있습니다.

시간과 상황의 흐름에 따라 역할은 계속해서 변화합니다.

하루 동안 엄마와 아이가 함께 있을 때도, 어떤 순간에는 훈육하는 선생님의 역할을, 다른 순간에는 상처를 치료해 주는 보호자의 역할을, 또 다른 순간에는 함께 놀아주는 친구의 역할을 하게 됩니다.

이미 결정한 역할이라도 상황에 따라 유연하게 인식하는 것이 필요합니다. 유연한 역할 인식에 대해서는 이후 '객관적 시야' 부분에서 추가적인 도움을 받을 수 있습니다.

만남에서 자신의 역할을 인식하고 설정하는 것은, 상황을 이해하고 관계를 인지하며 상대와 시간을 보낸다는 것을 의미합니다.

3. 목적 – 목적에 따라 역할 설정

특별히 원하는 목적이 있을 때, 역할 설정을 이용하는 방법입니다.

쉼의 기술

특별히 원하는 목적이 있을 때, 역할 설정을 이용하는 방법은 목적이 뚜렷할 때 더욱 효과적입니다.

오랫동안 한 가지 일에 집중하면 눈도 아프고 정신도 몽롱해집니다. '쉬어야지.' 하면서도 쉽게 멈추지 못하고 뭔가를 하려 하게 됩니다. 그 일을 멈추더라도 핸드폰을 들여다보게 되죠.
이럴 때, 아래와 같이 자신의 역할을 마음속으로 결심해 보세요.

'지금부터 20분간 눈 감고 완전히 쉬는 게 내 역할이야.'

의자를 뒤로 젖히고 눈을 감으면 자꾸 핸드폰이 보고 싶어집니다. 이때마다 '난 지금 쉬는 역할이야. 난 지금 쉬는 역할이야. 아무

것도 안 하고 쉬는 게 내 역할이야.'라고 역할을 되뇌며, 눈을 감고 가만히 있는 것 외에는 아무 행동도 하지 않습니다.

얼마 후에는 확실히 쉬었다는 기분이 들게 됩니다. 이 역할 설정을 반복하면 휴식도 집중해서 빠르고 확실하게 취할 수 있게 됩니다.

이 역할 설정은 휴식하는 역할을 인식하게 하여, 그 역할을 조절하고 관리할 수 있게 해줍니다.

이 역할을 얼마나 잘해내느냐에 따라 자신의 상태가 어떻게 변하는지 깨닫게 됩니다.

부정적인 감정과의 결별

부정적인 감정과 생각이 끊이지 않고 계속될 때가 있습니다. 이럴 때는 현재 역할에 집중하지 못하고 그 생각에 사로잡히게 됩니다. 하지만 이 감정과 생각을 정리하기 위한 목적으로 역할 설정을 이용할 수 있습니다.

직장인 선미는 자신의 업무 처리 방식이 적절하지 않다는 평가를 받았습니다. 이 평가는 항상 업무적으로 부딪치는 B팀의 보고서에서 나온 것이었습니다. 선미는 직장인 역할에서 화나 분노의 감정이 적절하지 않다는 것을 잘 알고 있었지만, 그럼에도 불구하고 화를 참기가 어려웠습니다.

퇴근 후, 직장인 역할은 끝났음을 알았지만, B팀 보고서 생각이 머릿속을 떠나지 않았습니다. 저녁에 아이들에게 책을 읽어주기로 약속한 날이었지만, 그 생각 때문에 역할에 집중하기가 어려웠습니다.

'안 되겠어. B팀 생각을 멈출 수가 없어. 엄마 역할에 집중도 안 되고, 너무 시간 아까워. 이 감정과 생각을 끝내야겠어.' 선미는 남편에게 상황을 설명했고, 남편은 그녀를 격려해 주었습니다.

"아이들은 내가 볼 테니, 조용한 곳에 가서 생각을 정리하고 오세요."

선미는 집 근처 카페로 갔습니다. 차를 주문하고 자리에 앉아 역할 설정을 했습니다.

'**난 여기서 이 부정적인 감정과 생각을 완전히 정리할 거야. 이와 관련된 모든 걸 다 쓰고 정리할 거야. 그게 지금 내 역할이야.**'라고 결심하며 되뇌었습니다.

역할을 설정하니 마음이 차분해지기 시작하며, 부정적인 감정과 생각이 곧 끝마쳐야 할 보고서처럼 느껴졌습니다. 제어할 수 없던 생각과 감정이 '처리할 일'처럼 느껴지니, 객관적인 시선으로 문제를 바라볼 수 있게 되었습니다.

선미는 차분한 마음으로 설정한 역할을 다시 한번 되뇌며, 노트북을 켜고 B팀 보고서에 대한 자신의 생각과 의견을 써 내려가기 시작했습니다. 하고 싶은 말을 모두 글로 옮기는 데 한 시간 정도 걸렸습니다. 모든 것을 글로 옮기고 나니, 이제 무엇을 해야 할지도 머릿속에 그려졌습니다.

카페에서 나와 집으로 돌아갔습니다. 남편이 "벌써 왔어요?"라며 놀라 물었습니다. 선미는 "어느 정도 정리가 됐어요. 이젠 괜찮아요. 고마워요."라고 대답하고, 개운한 기분으로 엄마 역할에 집중하며 시간을 보낼 수 있었습니다.

부정적인 감정과 생각은 쉽게 끊어지지 않고, 역할이 바뀌어도 집중을 방해합니다. 이럴 때, 역할 설정을 이용하는 것만으로도 상황이 나아질 수 있습니다. 제어할 수 없던 감정과 생각이 해결해야 할 일로 전환되면서, 더 객관적인 시선으로 자신이 할 수 있는 것과 없는 것을 분별할 수 있게 됩니다. 문제에 대한 인식이 점차 미래의 계획으로 전환되며, 부정적인 감정은 과거의 경험으로 바뀌게 됩니다.

망설임을 넘어 실행으로

어떤 행동이 도움이 될 것임을 알면서도 실행을 망설일 때, 역할 설정을 활용할 수 있습니다.

삶에 변화가 찾아올 때, 사람들은 종종 그 변화를 준비하거나 대비하지 않고, 변화 속에서 배우려고 합니다. 다양한 정보에 쉽게 접근할 수 있음에도 불구하고, 알아보는 것을 꺼리게 됩니다. 이럴 때, 역할 설정이 큰 도움이 됩니다.

예를 들어, '○○을 알아보는 것이 내 역할이야.'라고 역할을 설정하고, 그 역할을 수행할 시간을 확실히 지정해 보세요(예: '토요일 오후 2시부터 4시까지는 ○○을 알아보는 시간이야.'). 이렇게 지정된 시간 동안 정보를 충분히 수집하여 '이제 뭐가 뭔지 알겠다.'는 생각이 들면 역할이 마무리됩니다.

이 역할은 다음과 같은 상황에서 유용할 수 있습니다.
- 학교 진학, 군 입대, 취업 또는 이직 시
- 결혼이나 아기의 탄생을 앞두고 있을 때
- 신체적인 변화가 있을 때
- 새로운 취미를 시작할 때
- 생활 환경이 완전히 바뀌는 곳으로 이사할 때 등

이 역할은 동영상, 강연, 책, 인터넷, 상담 전화 등을 통해 필요한 정보를 얻는 것입니다. 주변 사람들의 조언은 정보의 깊이에 한계가 있을 수 있습니다. 직접 정보를 찾아보고 수집하다 보면, 이후에도 관련 정보가 필요할 때 어디서 무슨 정보를 찾을 수 있는지 알게 되어 유용합니다.

이 역할은 삶의 변화를 인식하고 준비하는 데 도움을 줍니다. 역할 설정을 통해 생각과 관심을 그 변화에 집중시켜, 관련 정보를 더 민감하게 받아들일 수 있습니다. 이를 통해 중요한 부분을 놓치지 않고, 필요한 것들을 구체적으로 준비할 수 있게 됩니다.

민망함을 이겨내는 법

작은 용기가 필요한 순간이나 민망하지만 행동해야 할 때, 역할 설정을 활용할 수 있습니다. 이러한 상황에서는 스스로를 '자신의 여러 역할 중 하나'로 인식하는 방법입니다.

기태는 새 학기에 관심 있던 강의를 신청하고 처음으로 수업에 출석했습니다. 강의실에 들어가 보니, 기태를 제외하고는 모두 여학생이었습니다. 평소 부끄러움이 많았던 기태는 '차라리 강의를 포기할까?'라는 생각이 들었습니다. 하지만 줄곧 듣고 싶었던 강의였기에 고민하다가, 역할 설정을 떠올리고 마음속으로 결심했습니다.

'나는 지금, 여러 역할 중 하나의 역할이야. 여학생이 아무리 많아도, 내 역할은 강의를 잘 듣고 필요한 행동을 할 수 있어.'

역할 설정이 없었다면, 기태는 듣고 싶었던 강의일지라도 주변 시선이 신경 쓰여 집중하지 못했을 것입니다. 그러나 역할 설정 후, 그는 민망함이나 부끄러움이 점차 사라지는 것을 느꼈고, 이후에는 강의에 집중할 수 있었습니다.

필요나 목적을 인식한 상태와 그렇지 않은 상태에서의 결과는 다릅니다. 기태는 역할 설정을 통해 자신이 이 강의를 진정으로 듣고 싶어 한다는 필요를 다시 한번 인식했습니다. 설정한 역할 자체가 강의를 잘 듣는 것이었기 때문에, 기태는 평소보다 오히려 더 강의에 집중할 수 있었습니다.

강의를 듣기만 하는 수동적인 시간이, 자신의 역할이 있는 능동적인 시간으로 바뀐 점도 중요합니다. 능동적인 입장이 되면 상황에 민감하게 반응하고 더 집중하게 됩니다. 이는 연극을 보는 수동적 관객의 입장과 연극에 참여하는 능동적 배우의 입장이, 연극이 상영되는 동안 집중력과 상황을 바라보는 시야가 서로 다른 것과 같습니다.

4. 일상의 역할 – 일상에서 원하는 나를 만들다

원하는 정체성을 일상의 역할과 연결하는 역할 설정 방법입니다. 이 방법은 가장 쉽게 시작할 수 있는 역할 설정 방법 중 하나입니다.

예를 들어, 다음과 같이 설정할 수 있습니다.
- 약속을 지키는 아빠
- 비교하지 않는 엄마
- 끼어들기 하지 않는 운전자
- 하루 30분 영어 공부 하는 직장인
- 시간 약속을 잘 지키는 친구
- 주 3회 출석하는 헬스장 회원

자신이 바라는 모습을 일상의 역할과 연결하여, 이를 자신의 정체성으로 인식하게 하는 방법입니다.

'소리 지르지 않고, 약속을 잘 지키며, 아이들을 잘 안아주는 아빠'처럼 여러 가지 모습을 역할과 연결할 수도 있습니다.

5. 해야 할 일 – 성공을 이끄는 인식 전환법

구체적인 할 일이나 목표를 역할로 전환하여 인식하는 역할 설정 방법입니다.

예를 들어, 다음과 같이 설정할 수 있습니다.
- 지금부터 한 시간 동안 이 업무에 완전히 집중하는 것이 내 역할이야.
- 오늘 이 강의가 끝날 때까지 ○○를 완전히 이해하는 것이 내 역할이야.
- 이 만남에서는 부정적인 태도를 보이지 않는 것이 내 역할이야.
- 오늘 이 방을 깨끗이 정리하는 것이 내 역할이야.
- 저녁 8시부터 다음 날 아침 6시까지 공복을 유지하는 것이 내 역할이야.

이 방법은 특정 과제를 자신의 정체성의 일부로 인식하게 하여, '그것을 해내는 것이 당연하다.'라는 인식을 형성합니다. 그에 따라 생각과 행동을 선택하게 되어, 결국 원하는 목표를 이루게 됩니다.

반복의 힘

결정한 역할을 '자신의 역할 중 하나'로 받아들이고 인정하세요.
결정한 역할을 반복적으로 상기하는 것이 중요합니다.
특히 그 역할을 수행 중일 때, 반복해서 그 역할을 되뇌세요.
그러면 자연스럽게 생각과 행동이 결정한 역할의 정의(행동 목표)에 맞게 바뀌고, 그 역할에 더 집중할 수 있게 됩니다.

학생이 학교에 가는 것이 당연하고, 직장인이 출근하는 것이 당연하듯, 당신도 결정한 역할을 그렇게 당연하게 받아들이세요.

강화되는 인식과 행동의 순환

버크와 레이츠는 640명의 대학생을 대상으로 '정체성 인식이 행동에 미치는 영향'을 연구했습니다.

연구 결과, 사람들은 자신이 인식하는 정체성에 따라 행동을 선택하고 조정합니다.

예를 들어, 자신을 학생, 교사, 부모 등으로 인식하면, 인식한 역할에 맞는 행동을 선택합니다.

이런 행동들은 일반적으로 해당 역할에 적합하다고 여겨지며, 사회적 기대나 개인적 가치와 일치합니다.

예를 들어, 자신을 '대학생'으로 인식하는 사람은 학문적 성취를 위해 공부하고 시험을 치르는 행동을 선택합니다.

J. 그루브와 J. A. 필리아빈은 미국 암 협회의 자원봉사자 390명을 대상으로 '역할 인식이 행동에 미치는 영향'을 연구했습니다.

연구 결과, 자원봉사자들의 역할 인식 정도가 자원봉사 활동의 시간과 지속성에 큰 영향을 미쳤습니다.

자원봉사 역할에 대한 인식이 강한 개인들이 더 많은 시간을 자원봉사 활동에 할애하고, 더 강한 애착과 참여 의사를 보였습니다.

이 연구는 역할에 대한 정체성이 강할수록 그 역할에 부합하는 행동을 더 자주 하며, 이런 반복되는 행동을 통해 다시 역할 정체성이 더욱 단단해지는 결과를 보여주었습니다.

첫 번째 연구는 학생, 교사, 사업가, 직장인, 부모와 같은 일반적인 역할을 대상으로 진행된 반면, 두 번째 연구는 자원봉사자라는 일반적이지 않은 역할이 대상입니다.

두 연구 모두 역할 인식이 생각과 행동, 정체성에 중요한 영향을 미친다는 것을 보여줍니다.

특히 두 번째 연구는, 어떤 역할이든 그것을 자신의 역할로 인식하면, 그 역할에 부합하는 행동을 더 자주 하게 되며, 반복되는 그 역할 행동이 역할 정체성을 또다시 강화시킨다는 점을 강조합니다.

역할 설정은 우리가 일상에서 수행하는 다양한 역할을 인식하도록 돕고, 그 역할과 관련된 정체성을 내면에 심습니다.

반복되는 역할 행동을 통해 내면에 심어진 정체성은 강화되고 확고해집니다.

역할 관리

당신의 역할을 관리하라

당신은 여러 역할의 관리자입니다.

당신의 역할 관리 도구는 시간입니다.

필요하고 원하는 역할이 있을 때는 시간을 마련하여 역할을 추가하고, 더 이상 하지 않을 역할은 그 역할의 시간을 없애는 방식으로 역할을 관리할 수 있습니다.

역할의 관리에는 역할 추가, 역할 정지, 역할 삭제, 역할 포기, 역할 평가 그리고 역할 몰입이 있습니다.

객관적 시선으로 보는 나

조금은 철딱서니 없는 사람처럼 보이기도 하지만 놀랍게도 자신을 제3자의 관점에서 부르는 것이 자신감을 높이는 데 도움이 된다고 한다. 미국의 정신과 의사인 킴 슈나이더먼은 사회에서 성공했다고 여겨지는 사람들 중 많은 사람이 자신을 3인칭으로 부르는 화법을 가졌다고 지적했다. 즉 "나는"이나 "내가" 대신 자신의 이름으로 호칭하는 사람이 실제로 성공하는 경우가 많다는 것인데, 미국 대통령이던 도널드 트럼프나 리처드 닉슨, 농구 선수인 르브론 제임스 등이 대표적이다. 연구자들은 3인칭 화법이 자신의 부정적인 감정을 조절해 자신감을 향상시킬 수 있는 효과적인 기법이며, 자신을 '나' 대신 이름으로 불러 마치 제3자가 바라보듯 심리적 거리를 두면, 통찰력을 얻도록 자신을 재구성하는 데 도움이 된다는 것이다.

선뜻 이해하기 어려울지도 모르지만, 자신감이 없다는 것은 내면의 부정적인 감정의 목소리가 끊임없이 말을 걸어오는 것이다. 즉 잠재의식 속에 형성된 신경 회로가 활동하기 시작했다는 것을 의미한다. 그 순간 '나'가 아닌 마치 제3자처럼 객관적으로 나를 바라보며 말을 걸면 그 부정적인 목소리가 말을 걸 상대가 없어지는 셈

이다(양 141).

《뇌를 알고 행복해졌다》, 양은우 지음

당신의 역할은 시간의 흐름에 따라 계속 바뀝니다.

하루 중 시간의 흐름에 따라 맡게 되는 당신의 여러 역할을 떠올려 보세요.

- 휴식 전문가 역할: 휴식에 온전히 집중하는 역할
- 성실한 전문가 역할: 맡은 일을 자부심 있게 수행하는 역할
- 학습자 역할: 배워야 할 지식을 공부하는 역할
- 정리의 달인 역할: 내가 있었던 자리를 깔끔하게 정리하는 역할
- 정보 탐색가 역할: 필요할 때 정보를 신속하게 찾는 역할
- 독서가 역할: 하루 10분 독서하는 역할
- 취미 즐기미 역할: 금요일 저녁 취미를 즐기는 역할
- 운동가 역할: 주 2회 꾸준히 운동하는 역할
- 도움의 손길 역할: 도움이 필요한 타인을 돕는 역할
- 공감하는 친구 역할: 공감하는 친구로서 함께하는 역할
- 따뜻한 부모 역할: 자녀에게 따뜻한 공감을 주는 역할
- 차분한 참여자 역할: 차분하게 회의에 참여하는 역할
- 책임감 있는 리더 역할: 책임감 있는 부하 혹은 상사로서의 역할

- 신뢰의 동반자 역할: 신뢰를 주는 배우자 역할

- 보호자 역할: 아이를 보호하고 돌보는 역할

- 건강 요리사 역할: 건강을 위해 직접 요리하는 역할

- 청소의 달인 역할: 기분 좋게 청소하는 역할

- 명상가 역할: 하루 5분 명상하는 역할

- 계획자 역할: 필요한 시기에 계획을 세우는 역할

- 작가 역할: 매일 생각을 글로 옮기는 역할

- 감상가 역할: 즐겁게 영화나 드라마를 감상하는 역할

- 경청자 역할: 상대방의 이야기를 잘 들어주는 역할

- 가족과 함께하는 사람 역할: 편안하게 가족과 시간을 보내는 역할

- 탐구자 역할: 호기심을 집중하여 탐구하는 역할

- 배움의 즐거움을 아는 사람 역할: 흥미로운 새로운 것을 배우는 역할

- 반려동물 보호자 역할: 반려동물과 교감하고 돌보는 역할

- 도시 농부 역할: 가족과 함께 먹을 채소를 가꾸는 역할

- 여행 기획자 역할: 여행을 꼼꼼히 계획하는 역할

- 현명한 소비자 역할: 현명하게 쇼핑하는 역할

- 음악 치료사 역할: 악기를 배우며 스스로 치유하는 역할

- 미술가 역할: 미술 작품을 완성하며 집중력을 높이는 역할

- 게이머 역할: 오로지 게임에만 집중해서 뇌에 휴식을 주고 즐기는 역할
  - 성장하는 학습자 역할: 필요한 기술을 배우며 성장하는 역할
  - 건강 지킴이 역할: 식단을 관리하며 건강을 지키는 역할
  - 모임 주최자 역할: 원하는 모임을 만들고 주최하는 역할
  - 네트워커 역할: 다양한 분야의 새로운 사람들을 만나는 역할
  - 이외에도 당신이 사용하는 시간과 행동에 이름을 붙일 수 있는 모든 역할

당신은 역할의 관리자로서, 자신의 여러 역할을 제3자의 관점에서 바라보며, 인식하고 관리할 수 있습니다.

제3자처럼 객관적 시선으로 자신을 바라볼 때 얻는 장점을 자연스럽게 누리게 됩니다.

1. 역할 추가

새로운 나를 만드는 방법

필요하거나 원하는 목적을 위해 새로운 역할을 추가할 수 있습니다.

역할 추가에 대해 알아보기 전에 역할 설정과의 차이를 살펴보겠습니다.

역할 설정이 특정 행동을 개선하고 이미 존재하는 일상의 역할을 인식시키며 관련된 정체성을 내면에 심는 것이라면, 역할 추가는 일상에 없던 새로운 역할을 만드는 것이며, 역할 그 자체를 정체성으로 내면에 심는 것입니다.

예를 들어, 패스트푸드를 선택하는 나쁜 식습관을 바꾸고자 했던 신혜는 역할 설정을 통해 '건강을 추구하는 사람'이라는 정체성을 형성했습니다.

그러나 같은 역할 설정을 하더라도 사람에 따라 '관리하는 사람' 또는 '자신을 돌보는 사람'이라는 정체성이 형성될 수도 있습니다.

이처럼 같은 역할 설정이라도 개인의 경험과 가치관에 따라 다양한 정체성이 형성될 수 있습니다.

반면, 역할 추가는 그 역할을 곧바로 정체성으로 받아들이는 것입니다.

새로운 역할을 추가하는 과정은, 추가하려는 역할이 '자신의 여러 역할 중 하나이며, 곧 자신의 정체성'이라고 결심한 후, 이를 믿고 반복해서 상기하는 것입니다.
그리고 그 역할로 존재하는 시간을 분명히 정하는 것입니다('언제 무엇을 하는 역할'인지 간단하고 명확하게 정해야 합니다).

예를 들어, '나는 이제 일주일에 세 번 헬스장에 가는 사람이야. 그 역할이 바로 나이고 동시에 내 정체성이야.'라고 결심하고 믿는 것입니다.
그리고 반복적으로 '나는 일주일에 세 번 헬스장에 가는 사람이야. 일주일에 세 번은 헬스장에 있는 것이 내 역할 중 하나야. 그리고 그게 내 정체성이야.'라고 상기하는 것입니다.

또는, '나는 업무 종료 후 30분간 책을 읽는 사람이야. 그 역할이 바로 나이고 동시에 내 정체성이야.'라고 결심하고 믿는 것입니다.

그리고 정해진 그 시간에는 그 역할로 존재하는 것입니다.

역할 추가는 의지의 강약과 상관없이 효과가 있습니다. 중요한 것은 정한 그 시간 동안 그 역할로 존재하는 것입니다.

정체성으로 다가선 다이어트

유나는 우연히 역할 활용법에 대해 알게 되어 관심을 갖고 열심히 배웠습니다. 그녀는 역할 추가를 통해 그동안 실패했던 다이어트에 성공하기를 간절히 바랐습니다.

여러 상황을 고려한 끝에, **'평일 두 번, 주말 한 번, 퇴근 후 헬스장에 가서 한 시간 동안 달리고 걷기를 반복하는 사람이 바로 나야. 그게 내 역할이고, 내 정체성이야.'**라고 마음속으로 되뇌며, 이 역할이 자신의 여러 역할 중 하나이며, 자신의 모습이자 정체성의 분명한 한 부분이라고 결심했습니다. 그리고 이 역할을 잘해낼 것이라고 다짐했습니다.

유나는 정한 대로 평일 두 번, 주말 한 번 헬스장에 갑니다. 헬스장에서는 역할로 정한 대로 한 시간 동안 달리고 걷기를 반복한 후, 곧장 집으로 돌아옵니다. 역할로 정한 것 이외의 행동은 고민 없이 하지 않으며, 헬스장에 가는 것도 당연한 일로 받아들입니다.

한번은 헬스장에 가는 날 친구에게서 함께 놀자는 연락이 왔습니다.
"미안. 오늘은 헬스장에 가는 게 내 역할이라서 안 돼."
헬스장에 가지 못하면 마음이 불편해지는데, 이는 헬스장에 가는 역할이 자신의 정체성으로 인식되었기 때문입니다.

3개월 후, 유나는 6kg을 감량하며 다이어트에 성공했습니다. 이제는 유지를 위해 평일 한 번, 주말 한 번으로 헬스장 가는 횟수를 줄이고, 운동 시간도 50분으로 조정했습니다.

필요한 변화, 새로운 시작을 위한 방법

정말 필요하고 원하며 자신의 변화를 바란다면, 역할을 신중하게 고민한 후 새로운 역할을 추가하세요.
그 역할로 존재할 시간을 명확히 정해두세요.
그 시간 동안 당신은 바로 그 역할로 존재하게 됩니다.

2. 역할 정지

시간 관리의 전략

아래와 같은 상황에서 특정 역할의 시간을 일정 기간 없애는 역할 정지를 고려할 수 있습니다.

- 새로운 역할을 추가하고 그 역할을 위한 시간을 마련하고자 할 때
- 우선순위가 높은 역할이 더 많은 시간을 갖도록 조정해야 할 때

시간을 재배치하다

진이는 예정보다 빠르게 해외 지사로 파견 나가게 되어 급히 외국어를 공부해야 했습니다. 1년의 시간이 남아 있었지만, 원하는 수준으로 외국어를 구사하기에는 시간이 부족하다고 느꼈습니다. 그래서 진이는 여러 역할의 시간을 조정하기로 했습니다.

먼저 아침부터 잠들기 전까지의 모든 시간을 해당 시간대의 행

동에 맞는 역할로 바꾸어 하루가 어떤 역할들로 채워졌는지 살펴보았습니다. 그 결과, 운동하는 역할 외에는 특별히 많은 시간을 차지하는 역할이 없음을 알게 되었습니다. 진이는 매일 두세 시간씩 다니던 헬스장을 일주일에 두 번, 한 시간으로 줄이고, 주말마다 타던 자전거는 당분간 타지 않기로 결정했습니다. 이렇게 마련한 시간을 외국어 학습과 관련된 역할의 시간으로 바꾸었습니다.

두 달 뒤 다시 여러 역할의 시간을 조정하기로 하고, 오늘부터 결정한 대로 실천했습니다.

하루 동안의 시간과 행동을 역할로 전환해 바라보면, 하루를 어떻게 보내고 있는지 분명하게 알 수 있습니다. 이후 각 역할의 시간을 원하는 대로 늘리거나 줄여서 조절할 수 있습니다.

감정 조절을 위한 일시 정지

일시 정지 버튼처럼, 때로는 역할을 잠시 벗어나는 것이 도움이 될 때가 있습니다.

특히 감정 조절이 어려운 경우입니다.

부정적인 감정, 예를 들어 화, 짜증, 분노, 슬픔은 제어하기 어렵고 쉽게 확장됩니다.

부정적인 감정이 클 때는 어떤 역할도 맡기 어려울 수 있습니다.

이럴 때는 현재의 역할에서 벗어나 잠시 혼자 있는 것이 좋습니다.

예를 들어, 아이들과 함께 있다가 부정적인 감정이 갑자기 크게 확장된다면, 가능하다면 잠시 아이들과 떨어져 아빠 역할에서 벗어나는 것이 좋습니다.

회사에서도 갑자기 분노나 화가 크게 치밀어 오를 수 있습니다.

이럴 땐 잠시 동료와 떨어져 혼자 있는 게 좋습니다.

역할을 적절히 해낼 수 있을 때까지, 가능하면 사람들과 분리된 공간에서 잠시 혼자 있는 것입니다.

3. 역할 삭제

원치 않는 행동을 지우다

역할에 대해 알게 되면 자연스럽게 '지금 나는 무슨 역할이지?'라는 생각을 하게 됩니다.

이 질문은 역할 인식으로 이어집니다.

인식된 역할은 그 역할에 적합한 생각과 행동에 대한 정의로 발전합니다.

그러다 보면 '지금 역할에서 이런 행동은 역할에 어울리는 않는 행동이었구나.'

또는 '내가 왜 소중한 시간을 이렇게 보내고 있었지?'라는 생각이 들 수 있습니다.

역할 삭제의 첫 번째 목적은, 원하지 않게 보내는 시간이나 행동을 역할로 전환해서 자신의 정체성에서 삭제하는 것입니다.

시간을 낭비하는 행동이나, 가치관에 맞지 않는 행동이나 습관 등 원하는 삶에서 멀어지게 하는 행동을 역할로 전환하여 삭제하세요.

정체성에 맞지 않는 행동 삭제

직장인 역할은 회사라는 공간에서 그 역할을 인식시키는 행동이 반복되므로, 빠르게 정체성으로 형성됩니다.

이런 상태에서 업무를 대충 처리하고, 과도하게 SNS를 하거나 웹툰, 동영상 쇼츠 등을 보면 순간적인 재미는 느낄 수 있지만, 마음 한구석이 불편해집니다.

이는 내면에 형성된 직장인 역할의 정체성과 맞지 않는 행동을 했기 때문입니다(점심시간이나 휴식 시간에는 이런 불편함이 느껴지지 않습니다).

이 불편한 느낌을 무시하고 계속해서 그런 행동을 하면, 자기 신뢰에 문제가 생길 수 있습니다.

자기 신뢰는 중요성에 비해 잘 드러나지 않지만, 우리의 삶에 큰 동력을 제공합니다.

자기 신뢰에 문제가 생기면 과거의 나를 믿지 못하고, 미래의 나도 신뢰하지 못하게 되어, 결국 현재의 생각과 행동에 부정적인 영향을 미치기 때문입니다.

이러한 행동이 역할에 맞지 않고 시간 낭비라고 느껴진다면, 그 행동을 하나의 역할로 인식하고, 이를 자신의 정체성에서 삭제할 수 있습니다.

예를 들어, '업무 중 동영상 쇼츠를 보는 역할을 내게서 완전히 삭제한다.' 또는 '업무 중에는 동영상 쇼츠 보는 역할은 맡지 않는다.'처럼, 업무 중에 동영상 쇼츠 보는 행동을 역할로 정하고, 그것은 나의 역할과 정체성이 아니라고 결심하여, 내면에서 삭제하는 것입니다.

그 후, 업무 중에는 동영상 쇼츠를 보지 않도록 하고, 만약 보게 되면, 그것이 자신의 역할과 정체성이 아님을 다시 상기시킵니다.

이렇게 하면 점차 자연스럽게 업무 중에 동영상 쇼츠를 보지 않게 될 것입니다.

물론, 직장인 역할 중에도 필요한 다른 일을 할 수 있습니다.

어떤 행동이 역할에 맞지 않는지 결정하는 것은 오로지 자신의 선택입니다.

삶의 방향성을 지키기 위한 역할 삭제

역할 삭제의 두 번째 목적은, 특정 장소에 가거나 특정 인물을 만나는 행동을 역할로 전환하여 삭제함으로써 자신의 가치관이나 삶의 방향성을 지키는 것입니다.

예를 들어, '나는 이제 ○○○에는 가지 않을 거야. 그곳에 가는 역할은 내게서 완전히 삭제했어.' 또는 '○○○와는 만나지 않을 거야. 내게 ○○○를 만나는 역할은 이제 없어.'라고 결심하여 그 역할을 자신의 정체성에서 삭제하는 것입니다.

불필요한 행동에서 벗어나기

역할 삭제는 원하는 삶을 위해 특정 행동을 적극적으로 제거하고, 소중한 시간을 확보하는 가장 확실한 방법입니다.

철학에서 배우는 삶의 지혜

고대 그리스 철학자 소크라테스는 "너 자신을 알라."라는 격언을 통해 자기 인식을 강조했습니다. 이 문구는 델포이의 아폴로 신전에 새겨져 있었고, 소크라테스는 이를 철학적 원칙으로 삼아 자신의 철학을 전개했습니다.

플라톤의 제자 아리스토텔레스는 "자기 자신을 아는 것은 모든 지혜의 시작이다."라고 하여, 자기 인식을 지식의 기초로 중시했습니다. 그는 자기 인식이 지혜와 덕목의 시작이라고 믿었습니다.

스위스 심리학자 칼 융은 "당신이 진정으로 되고자 하는 사람이 되려면 먼저 자신이 무엇인지 알아야 합니다."라고 하며, 무의식과 자아 탐구의 중요성을 강조했습니다. 이는 개인이 자신의 무의식과 심리적 본질을 이해하는 것이 성장과 변화의 첫걸음이라고 믿었기 때문입니다.

많은 역사적 인물들이 '자신을 아는 것(자기 인식)'의 중요성을 강조했습니다.

자신을 이해함으로써 진정으로 가치 있고 중요하게 생각하는 것이 무엇인지 알 수 있게 됩니다.

또한, 무엇에 집중하고 시간을 써야 하는지도 분명해집니다.

역할을 활용하는 것은 어제의 역할, 오늘의 역할, 그리고 내일의 역할을 인식하여 당신이 어떤 역할로 존재했는지, 존재하고 있는지, 존재하고 싶은지를 알게 해주고, 생각하게 합니다.

이는 당신이 자신을 이해하고 나아갈 방향을 결정하는 데 도움을 줍니다.

4. 역할 포기

자신의 행복을 지키는 현명한 선택

역할 포기는 소중한 자신을 보호하기 위해 특정 역할을 포기하는 것입니다.

역할 삭제와 비슷하지만, 차이가 있습니다.

역할 삭제는 그 역할과 역할로 존재하는 시간을 완전히 없애는 것이지만, 역할 포기는 역할은 포기해도 그 역할로 존재하는 시간을 없애지는 못하는 것입니다.

예를 들어, 고등학생이 "난 수학은 포기했어."라고 말하고 실제로 수학 공부를 안 하더라도, 수학 수업을 계속 들어야 하는 것은 역할 포기입니다.

반면, "난 수학 배우는 역할을 삭제할 거야."라고 한다면, 수학 공부를 안 할 뿐만 아니라, 아예 수학 수업에도 들어가지 않는 것입니다.

역할 포기는 특정 인간관계나 역할에서 반복적인 스트레스를 경험할 때, 능동적으로 그 역할을 포기하는 것입니다.

스트레스를 넘기다

혜미와 A는 대학생 때 가장 친했던 친구였습니다.

졸업 후, A는 대기업에 입사했고, 혜미는 회사 생활을 하다가 카페 창업에 관심을 갖고 퇴사한 후, 바리스타 학원과 디저트 학원 등을 다니며 카페 창업을 위해 노력했습니다.

두 사람은 가끔 만나 밥도 먹고 술도 마시며 친하게 지냈습니다.

몇 년 후, 혜미는 작은 카페를 개업했고, A는 여전히 대기업에 다니며 결혼을 앞두고 있었습니다.

2~3년 전부터 혜미는 A가 자신을 무시한다고 느꼈습니다.

혜미는 전국에 카페 체인을 여는 것이 목표였지만, A는 혜미의 이런 말을 들을 때마다 기분 나쁘게 반응했습니다.

어느 날 저녁, 오랜만에 만난 두 사람은 술을 마셨습니다.

술에 취한 혜미는 자연스럽게 마음속에 있는 카페 체인에 대한 이야기를 꺼냈습니다.

A는 비웃으며 몇 년 동안 말도 안 되는 소리를 듣는 것도 대학생 때 친했던 친구라 가능하다며 비꼬았습니다.

혜미는 술이 깨는 것을 느끼며 정색하며 따졌지만, A는 오히려 더 비웃으며 대학교 친구라 추억 때문에 얘기를 듣는 것이라며, 현실 감각 없는 헛소리는 이제 그만하고 어른이 되라고 했습니다.

혜미는 그 이후로 며칠 동안 A의 말이 떠올라 괴로워했습니다.

상대방이 이렇게 '공'을 던지면 받을 수밖에 없는 상황이 됩니다.

하지만 이럴 땐 그 '공' 자체에 신경 쓸 것이 아니라, 공을 던진 '상대방'에 대해 생각해 봐야 합니다.

'이 사람이 이전에도 이렇게 스트레스 '공'을 던진 적이 있었나?'를 떠올려 보며, 그 답에 따라 관계가 달라질 수 있음을 생각합니다.

이 과정에서 내면 인식이 수동적인 '당하는 입장'에서 능동적인 '결정하는 입장'으로 전환됩니다.

이제 그 사람과의 관계를 자신이 결정하는 상황으로 바뀌었기 때문입니다.

능동적인 '결정하는 입장'에서 과거가 아닌 바꿀 수 있는 미래에 집중하게 되면서 스트레스와 상처가 잊히기 시작합니다.

어쩔 수 없이 받은 '공'이 아니라, 당신이 던질 수 있는 '공'이 있음을 알게 됩니다.

　상대방이 반복적으로 스트레스를 주는 사람이라면, 그 사람과의 관계를 포기해야 할지 고민해 봐야 합니다.
　이런 상대와 계속 만난다면 또다시 수동적인 '당하는 입장'이 될 수밖에 없기 때문입니다.

　반면, 이전에는 그런 적이 없었다면, 이때 '상대방'이 아닌 그가 던진 '공'을 자세히 살펴봐야 합니다.
　그 사람이 당신이 보지 못한 진실을 말해줬을 수도 있고, 그것이 당신에게 도움이 될 수도 있기 때문입니다.

　이런 경험도 사람에 대한 배움이 될 수 있습니다.
　하지만 경험은 그것으로부터 얻은 것을 다음에 적용할 수 있을 때만 배움이 됩니다.
　스트레스를 주는 사람을 만나게 된다면, 잊지 않고 기억해서 다음 만남을 신중히 결정해야 합니다.

혜미는 친구 A로부터 반복적인 스트레스를 받았습니다.

그녀는 A를 다시 만나고 싶지 않았지만, 많은 지인을 함께 알고 있어 A를 완전히 피하기는 어려웠습니다.

고민 끝에 혜미는 'A의 친구' 역할을 포기하기로 결심했습니다.

이제 어쩔 수 없는 상황에서 A를 만나더라도 그를 '친구'라고 생각하지 않을 것이며, 그의 말에 이전처럼 주의를 기울이거나 영향을 받지 않을 것입니다.

시간 낭비를 피하는 법

'내 역할'이 없는 만남이나 상황을 경험했다면, 그와 관련된 역할을 포기하는 것을 고려해 보세요.

시간은 소중하며, 역할은 시간 속에서 존재합니다.

자신의 역할이 없는 곳에서 시간을 낭비하지 마세요. 역할이 없는 곳에서 시간을 보내는 것은 여러 면에서 해로울 수 있습니다.

필요할 때는 포기하라

　역할 포기는 자신의 역할에 대해 스스로 결정할 힘과 권한이 있음을 깨닫게 해줍니다.
　자존감을 지키고 자신을 보호하기 위해 경우에 따라 반드시 역할 포기를 고려해야 합니다.

5. 역할 평가

가장 집중해야 할 역할 찾기

하루 중 어떤 역할로 가장 많은 시간을 보내고 있나요?

우선 가정에서 '가족 구성원 역할'로 많은 시간을 보냅니다.
직장인이나 사업가로서 '생계유지 역할'도 많은 시간을 차지합니다.
학생이라면 '배우는 역할'로 학교에서 많은 시간을 보낼 것입니다.

이처럼 바꾸기 어려운 역할을 제외하면, 역할의 우선순위를 통해 현재 가장 집중하고 있는 역할이 무엇인지 알 수 있습니다.

역할에는 우선순위가 있습니다. 가장 많은 시간을 차지하는 역할이 우선순위가 높은 역할입니다. 어떤 역할이 가장 많은 시간을 차지한다는 것은, 그 역할이 현재 가장 집중하고 있는 역할이라는 뜻입니다.

역할 평가는 각 역할이 차지하길 원하는 시간의 양과 실제 차지하는 시간의 양을 비교하여, 의도에 맞게 역할의 시간을 조정하는 과정입니다.

예를 들어, '외국어를 배우는 역할'이 가장 중요한 역할이라고 생각했지만, 역할 평가를 해보니 실제로는 운동과 관련된 역할이 가장 많은 시간을 차지하고, 그다음이 넷플릭스 시청 역할, 세 번째가 외국어 배우는 역할이었다고 합시다.

역할 평가 후에는 운동과 넷플릭스 시청에 할애한 시간을 줄이거나 일시 정지 하고, 외국어 학습에 관련된 역할(강의 듣기, 외국어 신문 읽기, 쉐도잉 등)을 추가하거나 늘려서, 원했던 대로 가장 많은 시간을 차지하도록 조정할 수 있습니다.

역할 활용의 모든 과정은 자연스럽게 서로 연결되어 있습니다. 역할 평가는 역할 정지와 삭제로 이어질 수 있으며, 필요에 따라 새로운 역할이 추가될 수도 있습니다.

또한, 우선순위 역할의 성장을 돕기 위해 역할 설정의 여러 방법을 이용할 수 있습니다.

외국어 학습이 우선순위인 상황에서 'L' 발음이 어색하다고 느꼈다면, 'L 발음 마스터하기'라고 목표를 정하기보다 'L 발음을 완전히 익히는 것이 내 역할이야.'라고 역할 설정 방법을 활용하는 것입니다.

이러한 과정을 통해 원하는 목표를 더 빠르게 성취할 수 있습니다.

하루를 망치지 않는 비결

심리학자 김경일 교수는 그의 책《마음의 지혜》에서 하루의 평균을 평가하는 것이 어렵다고 설명합니다. 독일의 연구에 따르면, 60대 이상이 되어야 하루의 좋은 일과 나쁜 일을 어느 정도 정확히 계산할 수 있다고 합니다. 젊은 사람일수록 하루 종일 좋은 일이 있었어도 마지막에 나쁜 일이 생기면 하루를 망쳤다고 평가하는 경향이 있다고 합니다. 40~50대에 이르면 이런 경향이 약해지지만, 가장 정확한 평가는 60대와 70대에서 이루어진다고 합니다.

김경일 교수는 이러한 연구를 바탕으로 직장에서 선배들이 후배의 아침을 망칠까 봐 우려해 쓴소리를 오후에 하는 경우가 많은데, 이는 바람직하지 않다고 조언합니다(김 112).

역할 활용에 익숙해지면, 자신이 여러 역할의 관리자라는 인식이 자리 잡고, 자신을 더욱 객관적으로 바라보게 됩니다. 각 역할에서 경험한 생각과 감정은 그 역할 내에서 마무리하고, 다음 역할은 새로운 목적을 가진 역할로 자연스럽게 받아들입니다.

    특별한 사건으로 인해 생각과 감정이 강해져 지속적으로 영향을 미치는 상황에서도, 자신이 그런 상태임을 인지하고, 그것이 다른 역할에 부정적인 영향을 미치지 않도록 신경 쓰며 노력하게 됩니다.

6. 역할 몰입

삶의 변화를 위한 몰입

일상적인 상황에서는 시간의 흐름에 따라 바뀌는 역할을 인식하는 것이 중요합니다. 이는 기분을 전환하고 집중력을 높이며, 삶의 만족도를 높이는 방법이 될 수 있습니다.

하지만 특별히 집중하고 노력해야 할 일, 일정 기간 몰두하여 결과를 만들어야 하는 중요한 일이 있다면, 역할의 관리자로서 신중하게 접근해야 합니다.

몰입이 필요한 일은 삶에 중요한 변화를 가져올 수 있으며, 개인의 성장에 직접적인 영향을 미칠 수 있기 때문입니다.

몰입이 필요한 상황에서는 중요한 일을 맡은 하나의 역할을 특정 기간 동안 지속적으로 인식하면서, 동시에 일상적인 여러 역할을 적절히 수행해야 합니다.

역할의 관리자로서, 일상적인 역할을 수행할 때도 몰입하는 역할에 대한 인식을 유지하며, 일상적인 역할에서 에너지를 너무 많이 소모하지 않도록 조절하는 것이 중요합니다.

일상과 목표의 조화

　상호는 아내와 함께 두 아이를 키우는 직장인입니다. 아내는 전업주부로서 집안일을 전반적으로 맡고 있습니다. 상호는 책을 읽고 글을 쓰는 것을 좋아해 평소 다양한 주제에 대해 블로그에 글을 써왔습니다. 어느 순간, 특정 주제에 깊은 관심을 갖게 되어 많은 글을 쓰게 되었고, 그 글을 다듬어 책으로 출판하기를 원했습니다. 상호는 아내와 아이들에게 책을 출판하는 것이 자신에게 어떤 의미가 있는지, 그리고 경제적 및 직장 경력에 어떤 영향을 줄 수 있는지 설명하며, 1년 동안 책을 만드는 데 집중하고 싶다고 말했습니다. 가족들은 용기 있고 멋진 도전이라며 응원해 주었습니다.

　상호는 **'1년 안에 책 한 권을 출판하는 작가'**라는 역할에 몰입하기로 결정했습니다.

　그에게는 남편, 아빠, 직장인, 헬스장 회원, 친구 등의 일상적인 역할이 있습니다. 이 역할들을 적절히 해내면서도 에너지를 잘 조절하여 매일 꾸준히 책을 완성하는 데 집중했습니다.
　상호는 아내와 함께 있을 때는 책과 관련된 주제로 이야기를 나누고, 아이들을 돌볼 때는 육체적 및 정신적으로 지치지 않게 노력했습니다. 직장에서는 퇴근 전 두 시간을 단순한 업무에 할애할 수 있도록 일정을 조정했습니다. 헬스장에 가는 날에는 집필 중인 주제와 관련된 오디오북이나 유튜브 강의를 들으며 운동했습니다. 친구들에게는 중요한 프로젝트를 맡아 당분간 만남이 어려울 것 같다고 전했습니다.

하루 종일 자신이 작가 역할에 몰입 중임을 인식하며, 언제든 글의 주제와 관련된 생각이 떠오르면 핸드폰에 메모하고 정리했습니다.

저녁에 아이들이 잠들면 곧바로 집중해서 글을 썼습니다. 주말에는 주로 가족 모두가 야외 정원이 있는 교외 카페에 갔습니다. 아이들과 잠시 놀아준 후, 이후 아이들에게 영상을 보여주고, 아내는 책을 읽고, 상호는 글을 썼습니다.

일상적인 역할을 적절히 수행하기 위해 아내와 자주 이야기하며 자신의 일정을 조정했습니다. 아이들과의 관계가 삶에서 가장 중요한 부분이었기에, 아내와 육아에 대해 특별히 더 많은 대화를 나누었습니다. 아내는 아빠가 글을 쓰고 책을 읽는 모습을 아이들이 자주 보는 것이 좋다고 생각했고, 자신도 긍정적인 영향을 받는 것 같다며 응원해 주었습니다.

상호는 역할에 몰입한 지 7개월 만에 책 한 권 분량의 글을 완성할 수 있었습니다. 아내와 아이들은 진심으로 축하해 주었고, 상호는 이 책이 아내와 아이들과 함께 쓴 것이라고 생각했습니다.

일상 속에서 몰입 유지하기

중요한 주제로 통화하면서도 밥을 먹고, 음료수를 마시며, 컴퓨터를 사용하거나 운전을 하고, 달리기를 하면서도 다른 사람과 필요한 소통을 할 수 있습니다. 물론, 조용한 곳에서 집중해서 통화하는 것이 가장 좋겠지만, 통화 중에도 꼭 해야 할 일이 있다면 적절히 병행할 수 있습니다. 이렇게 통화를 유지하며 중요한 주제에 대한 대화를 지속하다가 여유로운 상황이 되면 더 깊은 이야기를 나눌 수 있습니다. 그러나 통화 도중 다른 행동에 지나치게 집중하여 대화 주제에서 벗어나면, 상대방이 통화를 끊을 수 있습니다. 나중에 다시 통화할 때는 이전의 내용과 흐름에 도달하는 데 시간과 에너지가 더 필요하고, 이전과 같은 공감대가 형성되지 않을 수도 있습니다.

역할 몰입이란 하나의 역할을 지속적으로 인식하고 수행하면서도, 상황에 따라 바뀌는 여러 역할을 적절히 수행하는 것입니다. 중요한 것은, 몰입하는 역할을 위해 에너지와 집중력을 보존할 수 있도록 일상적인 역할에서 에너지를 관리하는 것입니다. 일상의 여러 역할은 당신의 삶 그 자체이므로, 특정 역할에 몰입하는 것이 삶 전반에 긍정적인 영향을 미치기 위해서는, 몰입 기간 동안에도 일상의 여러 역할을 적절히 수행하는 것이 좋습니다.

주위 사람들, 동료나 친구, 특히 가족에게 몰입이 필요한 일의 중요성을 설명하고 도움을 받을 수 있다면, 정말 감사한 일입니다. 그러나 때로는 이를 알리는 것이 오히려 시기와 방해 또는 불화를 일으킬 수도 있습니다. 일상의 역할을 적절히 수행했음에도 불구하고, 몰입하는 역할로 인해 좋지 않은 평가를 받을 수도 있고, 관계가 틀어질 수도 있습니다. 따라서 무조건 밝히기 전에 여러 상황을 고려하여, 필요하다면 밝히지 않는 것이 더 나을 수도 있습니다.

우리 모두는 역할의 관리자입니다. 역할 몰입은 역할의 관리자로서 일상을 유지하며 원하는 것에 에너지와 신경을 집중하여 특별한 성과를 이뤄내는 역할 관리의 중요한 부분입니다.

7. 역할 실패

제어되지 않는 행동에서 벗어나기

역할을 효과적으로 활용하지 못하는 경우가 있습니다.

술, 게임, 인터넷, 드라마, 소설, 만화, 운동, 만남, 도박 등, 좋고 나쁨을 떠나 스스로 시간을 제어할 수 없는 행동에 빠져 있다면, 역할을 활용하기가 어려워집니다. 역할은 시간을 기반으로 존재하고 관리되기 때문입니다.

여러 역할을 잘 수행하고 싶다면, 시간 제어가 어려운 행동은 피해야 합니다. 이러한 행동을 역할로 인식하여 내면에서 삭제하세요. 그러면 모든 것이 제자리를 찾기 시작할 것입니다.

필요하다면 전문가의 도움을 받으세요. 당신은 할 수 있습니다.

객관적 시야

자기 인식을 높이는 방법

메타인지는 자신의 생각과 지식을 스스로 파악하고 평가하는 능력을 의미합니다. 즉, 자신의 사고와 학습 과정을 인지하고, 그 과정에서 이해도와 학습 방법을 조절할 수 있는 능력입니다.

메타인지가 뛰어난 사람은 학습 효율이 높고, 복잡한 문제 해결에 능하며, 자기 감정을 인식하고 조절하는 데에도 뛰어납니다. 이로 인해 스트레스 관리와 대인 관계에서도 우수한 능력을 발휘합니다. 이러한 능력 덕분에 지속적인 자기반성과 개선이 이루어져 꾸준히 성장할 수 있으며, 그 결과 자신감과 자존감이 강화되고 전반적인 삶의 질도 향상됩니다.

역할을 활용하는 것은 메타인지를 높이는 데 도움이 될 수 있습니다. 여러 역할을 관리하는 것이 메타인지가 높은 사람의 자기 인식 능력과 유사하기 때문입니다.

특히 이후에 다룰 객관적 시야와 함께 활용할 때, 자기 인지를 더욱 효과적으로 할 수 있습니다.

자신을 바라보는 새로운 관점

객관적 시야는 머릿속으로 자신과 자신이 속한 상황을 바라보는 것입니다.

예를 들어, 열쇠나 핸드폰 같은 물건을 잃어버렸을 때, 물건을 찾기 위해 자신의 기억을 머릿속에서 되짚어 보는 것과 같습니다.
또는 이틀 전의 일기를 오늘 쓰기 위해, 그날의 기억을 머릿속으로 떠올리는 것과도 같습니다.

이와 같이 머릿속으로 '원하는 과거'나 '현재의 자신과 자신이 속한 상황'을 약간 떨어진 거리에서 바라보는 것이 객관적 시야입니다.
이때 떠올리는 상황 속 자신의 감정, 느낌, 생각은 그대로 자신에게 전달됩니다.
당신이 바라보는 것은 바로 당신 자신이기 때문입니다.
자신의 감정, 느낌, 생각이 전달되는 것을 제외하면, 머릿속에서 자신의 모습과 상황을 CCTV로 바라보는 것과 비슷합니다.

객관적 시야를 활용하면 여러 이점을 얻을 수 있습니다.

삶에 실질적인 도움을 주는 객관적 시야의 활용 방법에 대해 살펴보겠습니다.

역할 파악 – 자신

객관적 시야는 역할을 빠르게 파악하는 데 도움이 됩니다.

문득 '내가 지금 무슨 역할이지?'라는 의문이 생기면, 객관적 시야로 현재 자신의 모습과 상황을 머릿속에서 '잠시' 바라보세요.

이것은 그대로 자신의 역할을 파악하고 인식하는 과정이 됩니다.

역할을 인식하고 상황에 존재하는 것과 그렇지 않은 것은 큰 차이가 있습니다.

역할에 대한 인식은 능동적인 상황 참여와 집중력을 높이며, 실수를 줄여줍니다.

시간의 흐름에 따라 목적이 바뀌는 것을 인식하는 것은 쉽지 않습니다.

상황에 맞게 자신의 역할을 인식하고 그 역할에 적절한 생각과 행동을 고민하는 것이 시간을 효과적이고 능동적으로 사용하는 방법이 될 수 있습니다.

당황스러운 상황에 처했을 때, 갑자기 무엇을 해야 할지 모르겠을 때, 객관적 시야를 활용해 전체적인 상황을 '잠시' 바라보세요.

이는 큰 도움이 됩니다.

역할 파악 – 타인

객관적 시야로 자신뿐만 아니라 함께하는 동료와 가족들의 역할도 파악할 수 있습니다.

타인의 역할을 인식하는 것은 여러 면에서 도움이 됩니다.

그 상황을 함께하는 타인에 대한 이해가 깊어지고, 그로 인해 관계가 더 좋아질 수도 있습니다.

또한, 타인의 역할에 도움이 될만한 행동을 먼저 할 수도 있고, 타인에게 그의 역할에 적절한 행동을 제안하거나 요청할 수도 있습니다.

상태 파악

우리는 가끔 스스로의 상태를 모를 때가 있습니다.

지쳐서 쉬어야 할 때 에너지 드링크 혹은 커피를 마시거나, 누구를 만날 기분이 아닌데 약속을 잡거나, 혼자만의 시간이 필요할 때 사람이 많은 마트에 가는 선택을 하기도 합니다.

지치거나, 피곤하거나, 기분이 좋지 않을 때, 객관적 시야로 자신의 모습을 '잠시' 바라보세요.

그러면 당신에게 무엇이 필요한 상태인지 알게 될 것입니다.

문제 해결

역할에 문제가 생겼을 때, 객관적 시야가 도움이 됩니다.

문제가 생겼을 때는 조용한 공간에서 그 문제를 '잠시' 객관적 시야로 바라보세요.

우리는 직접 게임을 즐길 때보다 다른 사람이 게임하는 것을 지켜볼 때, 더 객관적이고 높은 수준의 판단을 내릴 수 있습니다. 국가대표 선수나 프로 선수의 경기를 보며 적절한 행동을 지적하는 것과 비슷한 원리입니다.

객관적 시야로 상황을 바라보는 것이 이와 유사합니다.
역할에 문제가 생겼을 때, 객관적인 시야로 상황을 바라보면, 주관적인 생각에서 벗어나 상황 자체를 더 명확하게 볼 수 있습니다. 이로 인해 감정이 가라앉고 조급함이 줄어들어 문제 해결에 도움이 됩니다. 문제를 사실 그대로 바라보며 감정적으로 확대하지 않게 되는 것입니다.

또한, 하나의 역할에 문제가 생겼을 때는, 객관적 시야로 자신의 여러 역할을 인식해 보세요. 문제가 없는 다른 역할을 인식하는 것만으로도 심리적 안정감을 얻을 수 있습니다.

격려

대부분의 사람들은 타인에게는 관대하지만, 정작 자신에게는 무신경한 경우가 많습니다. 타인의 어려움을 보면 쉽게 위로하고 격려하지만, 자신이 어려움을 겪을 때는 감정적으로 힘들어할 뿐, 스스로를 위로하거나 격려하는 경우는 드뭅니다.

또한, 타인의 도움이 필요할 때는 적극적으로 나서지만, 자신의 필요는 무시하기도 합니다.

객관적 시야는 자신을 타인처럼 바라보게 하는 힘을 줍니다.

어려운 상황을 겪었다면, 혼자만의 공간에서 객관적 시야로 그 당시의 자신을 '잠시' 바라보세요. 그 상황 속의 자신을 마음속으로 격려하고, 다가가 보듬고 안아주세요.

"괜찮아. 고생했어. 어쩔 수 없었어. 그래도 다행이야. 정말 괜찮아. 걱정하지 마."라고 말해주세요.

객관적 시야로 바라본 자신에게 도움이 필요하다고 느껴지면, 주변에 도움을 요청하는 것도 중요합니다.

이 과정을 확장하면, 과거에 겪었던 민망하거나 부끄러운 기억, 혹은 힘들었던 상황을 떠올리며 그때의 자신을 다독이고 위로할 수 있습니다.

"괜찮아, 고생 많았어. 걱정하지 않아도 돼."라고 말해주세요.

스스로를 위로하고 응원하는 과정을 반복하면, 자신이 변함없는 내 편임을 깨닫게 됩니다. 이렇게 쌓인 자기 신뢰는 어떤 상황에서도 자신을 지지하고 감싸줄 수 있는 내면의 힘으로 이어집니다.

역할 이야기

이야기 1

　은혜는 두 아이의 엄마이자 회사원으로, 회사에서 행정 교육을 담당하고 있습니다.
　남편은 작가로, 집에서 작업하며 살림과 육아를 많이 담당합니다.

　은혜는 여러 역할을 인식하고 있습니다.

회사에서는 '직장인',
직원들에게 행정 교육을 할 때는 '강사',
집에서는 '엄마',
퇴근 후 친구들과 만났을 때는 '친구'

대부분의 사람들은 자신을 한 가지 역할로만 인식합니다.

"당신의 역할은 무엇입니까?"
"직장인이에요. 행정 교육을 담당합니다."

회사에 다니는 사람들은 자신을 직장인으로 인식합니다.

어떤 역할이든 시간이 지나면서 익숙해지고, 결국 자신을 그 역할로 인식하게 됩니다.//
하지만 역할은 하나만 존재하는 것이 아닙니다.

"아니야. 내 역할은 하나고, 투잡은 안 해! 나는 그냥 직장인이야!"

예전에는 은혜도 자신을 직장인이라고 생각했습니다.
하지만 이제는 그렇지 않습니다.
은혜는 자신의 역할이 계속 바뀐다는 것을 알고 있으며, 역할이 바뀔 때마다 그것을 인식합니다.
회사에서는 자신을 직장인 역할로 인식하고, 집에 돌아오면 엄마 역할로 바뀌는 것을 인식합니다.
가끔 필요한 공부를 하기 위해 스터디 카페에 갈 때는, 자신을 학생 역할로 인식합니다.

이야기 2

은혜는 엄마 역할 중에도 회사 프로젝트 생각이 날 때가 있습니다.

그럴 때면 '**난 엄마 역할 중이야.**'라고 자신의 역할을 다시 한번 생각합니다.

그러면 역할에 다시 집중하게 되는 것을 느낍니다.

때로 이렇게 다른 역할의 일이 생각나면, 지금 하고 있는 역할을 상기하고 다시 집중력을 얻습니다.

은혜는 아이들과 놀이할 때, 자신을 '**어린이집 선생님**' 역할이라고 생각합니다.

어린이집 선생님들은 아이들에게 좀처럼 화내지 않습니다.

그런 모습으로 아이들과 함께하고 싶어서 스스로 설정한 역할입니다.

'어린이집 선생님' 역할 설정 덕분에, 예전이라면 화를 냈을 상황에서도 차분하게 행동합니다.

아이들에게 미안한 감정을 느낄 일이 줄었고, 아이들을 보호하고 돌보는 것이 자신의 역할임을 더 분명히 인식하게 되었습니다.

은혜는 부모님이나 친척들을 만날 때도 역할 설정을 자주 합니다.

그런 만남에서는 보통 '**편안함을 주고받는 역할**'로 설정합니다.

만남 전부터 그런 역할이라고 생각하고 만나면, 실제로 만남이 더 편하게 느껴집니다.

아마 가족도 그렇게 느꼈을 것이라고 생각합니다.

이렇게 역할을 설정하고 시간을 함께 보낼 때마다, 가족과의 관계에서 자신의 역할을 더 깊이 인식하게 되었습니다.

이야기 3

은혜는 해야 할 일이 생기면 역할을 만들고, 그 역할을 위한 시간을 마련합니다.

얼마 전부터 새롭게 자격증 공부를 시작한 은혜는, **'출근 전 한 시간 공부하는 학생 역할'**을 새롭게 추가한 후, 매일 아침 공부하고 출근합니다.

주변에서 대단하다고 말하지만, 은혜는 그렇게 생각하지 않습니다.

역할을 만들고, 그 역할을 자신의 역할로 받아들인 후, 그 역할의 시간을 분명히 정하면, 의지나 성실함과는 상관없이 그 시간에는 그 역할로 존재하게 됩니다.

직장인이 피곤하고 힘든 날에도 정해진 시간에 출퇴근하는 것처럼 당연한 일입니다.

은혜는 가끔 이러한 역할의 활용이 마법 같다고 생각합니다.

은혜는 필라테스를 배울 때도 역할을 이용합니다.

'평일에 두 번, 주말에 한 번, 한 시간씩 필라테스를 배우는 역할'을 만들었고, 고민 없이 필라테스를 배우는 날은 퇴근 후 필라테스 학원으로 갑니다.

그 시간에 그 장소에서 필라테스를 배우는 것이 자신의 역할이기 때문입니다.

이것 역시 특별한 일이 없으면 당연히 학교에 가고 출근하는 것과 같은 일입니다.

이야기 4

은혜는 새로운 역할을 맡게 될 때, **'그 역할에 대해 자세히 알아보고 준비하는 역할'**을 추가하고, 이를 위해 시간을 할애합니다.

이 과정은 대단한 준비가 필요한 것이 아닙니다.

동영상, 책, 인터넷 검색 등을 통해 그 역할을 이미 경험한 사람들의 이야기를 보고, 듣고, 읽는 것입니다.

은혜는 역할을 통해 변화를 준비할 때, 실제로 시작부터 다르다는 것을 여러 번 경험했습니다.

첫 아이의 엄마가 될 때 이러한 준비가 큰 도움이 되었습니다.

보통은 아이를 낳고 키우면서 부모 역할을 배우지만, 은혜는 좀 더 실질적인 준비를 하려고 노력했습니다.

임신 후 주말마다 한 시간씩 갓 태어난 아기 트림 시키기, 딸꾹질 멈추게 하기, 목을 받치고 품에 안는 법, 갓난아기 목욕, 상황별 응급처치 등을 준비하고 연습했습니다.

'엄마 역할'이 인생에서 가장 중요한 역할이 될 것임을 직감했고, 실제로도 그랬습니다.

은혜는 다른 역할보다 더 오랜 기간 이 역할을 준비했고, 준비하는 동안 자연스럽게 부모로서의 가치관과 아이와 함께하는 삶에 대해 깊이 생각하게 되었습니다.

은혜는 회사 프로그램으로 학생 멘토링에도 참여하고 있습니다. 멘토로서 고등학생들에게 다음과 같이 조언합니다.

"어떤 역할을 맡게 될 예정이라면 미리 준비하세요.
예를 들어, 두 고등학생이 졸업하고 한 달 후에 대학생이 됩니다. 한 학생은 '이제 대학생이네?'라며 시간을 보내다가 대학 생활을 시작했고, 다른 학생은 '대학생은 어떤 역할이지? 좀 찾아봐야겠어.'라며 미리 준비했습니다.
이 두 학생의 차이는 생각보다 클 수 있습니다.
자신이 그 역할을 준비 중이라는 것을 인식하면, 관련된 정보를 더 민감하게 받아들이고, 생각이 확장됩니다.
자연스럽게 그 역할에서 자신이 원하는 미래를 구체적으로 그리기 시작합니다."

이야기 5

퇴근길입니다.

직장인 역할을 마치고 집으로 가지만, 내일 다시 직장인 역할을 해야 한다는 것을 알고 있습니다.

그녀는 오늘의 직장인 역할과 내일의 직장인 역할이 자신의 선택에 따라 달라질 수 있다는 것도 잘 알고 있습니다.

"오늘은 연예인 뉴스를 보느라 시간을 너무 낭비했어. 내일은 **'인터넷 뉴스를 보지 않는 직장인 역할'**을 해야겠다."라고 다짐하며 퇴근합니다.

남편과의 관계에서도 은혜는 오늘의 아내 역할과 내일의 아내 역할이 다를 수 있다는 것을 항상 염두에 두고 있습니다.

은혜의 어떤 행동이 남편에게 불편을 주었을 때는, 다음 날의 아내 역할에서 그 행동을 제외합니다.

반대로 자신의 어떤 행동에 남편이 고마움을 표현할 때는, 다음 날부터 아내 역할에 그와 비슷한 행동을 더 많이 포함시킵니다.

남편도 역시 은혜에게 같은 방식으로 대합니다.

이야기 6

은혜는 역할이 바뀔 때마다 마치 하루가 새롭게 시작되는 기분을 느낍니다.

하나의 역할이 끝나면, 무언가를 완전히 마쳤다는 생각이 들며 실제로 그렇게 느껴집니다.

기분이 전환되고, 새로운 역할을 위한 활력이 생기는 것을 느끼며, 새로운 기분으로 다음 역할을 시작합니다.

은혜는 친구에게 역할이 바뀔 때의 기분 전환에 대해 이야기한 적이 있습니다.

"오, 그거 스위치 같네. '딸깍'하면 직장인 스위치가 꺼지고, '딸깍'하면 엄마 스위치가 켜지는 거지. 정말 신기하네."

"너도 네 역할을 인식하기만 하면 돼. 너도 스위치를 켜고 끌 수 있어."

은혜는 가끔 생각합니다.

'여러 분야에서 성공한 사람들은 분명 일찍부터 역할을 활용할 줄 알았을 거야.'

이야기 7

은혜는 친구에게 말했습니다.

"역할에 대해 몰랐다면, 삶이 훨씬 더 복잡했을 거야. 이상하게도 지금 하는 일에 집중하지 못하고 이것저것 하고 싶어지거든. 특히 집에서 아이들과 레고 블록을 조립하고 있을 때, '이 시간에 프로젝트 관련 논문을 정리하면 좋을 텐데, 아니면 주말에 다 못 읽은 소설책이라도 잠깐 볼까.'라는 생각이 들어. 레고 블록을 하면서 옆에 노트북을 켜놓고 할 수 있을 것 같고, 책도 볼 수 있을 것 같은데, 결국 둘 다 별로야. 해봤더니 그날 자기 전에 아이들에게 미안하더라고. 논문도 생각처럼 잘 안 돼서 다시 정리해야 했고, 소설도 재미없게 읽혔어."

은혜는 살짝 웃으며 계속 말했습니다.

"지금 꼭 해야 하는 일이 아니라면, 한 가지에 확실히 집중해야겠다고 결심했어. 그렇지 않으면 결국 시간도 잘 사용하지 못하고 마음도 불편하니까. 그래서 **'난 지금 엄마 역할이야. 엄마 역할이**

지금 내 역할이야.'라고 마음속으로 결심했지. 그때부터는 아이들과 놀이에 집중이 잘되더라고. 그래서 논문 볼 때도 한번 해봤어. **'난 지금 논문 보는 역할이야. 논문에 집중하는 게 내 역할이야.'** 라고 하니까 또 집중이 잘되는 거야. 그때부터 역할이 항상 도움이 됐어."

친구가 물었습니다.

"회사에서는 어때?"

은혜가 대답했습니다.

"회사에서도 한 번씩 **'나는 지금 직장인 역할이야.'**라고 생각하면 업무에 집중이 더 잘돼. 예전에 집값이 한창 올랐을 때, 업무 시간에 괜히 전국 아파트 가격 검색하고 인터넷 커뮤니티를 검색했었는데, 그때 이상하게 마음이 불편하고 찝찝했거든? 역할을 깨닫고 나서 그 이유를 알았지. 역할에 충실하지 못하니까 본능적으로 그렇게 느꼈던 거야. '직장인 역할인데, 할 일도 있고 필요하지도 않으면서, 왜 매일 부동산을 검색하고 있어?' 이렇게. 그래서 찝찝했던 거야."

은혜는 이어서 말했습니다.

"아무 의미 없이 역할에 맞지 않게 시간을 보내면 마음이 찝찝하고 후회가 남더라고. 그래서 매 순간 내 역할이 뭔지 생각해 봤지. 그리고 역할마다 목적이 완전히 다르다는 것도 깨달았어."

친구가 물었습니다.

"그럼 직장에서는 다른 일은 못 해?"

은혜가 대답했습니다.

"그건 아니야. 내가 뭘 하는지 인식하고 행동하면 괜찮아. 필요할 때는 필요한 일을 해야지. 그리고 맡은 일을 충분히 다 하고 나면 괜찮아."

이야기 8

친구가 물었습니다.

"나한테 도움 될만한 다른 팁도 있어?"

은혜가 대답했습니다.

"최근에 대학 동아리 친구 때문에 힘들어했잖아? 그게 도움이 될지도 몰라."

은혜가 이어서 말했습니다.

"지난번에 친구를 만났을 때, 자꾸 기분 나쁘게 해서 집에 와서 힘들었다고 했잖아?"

친구가 대답했습니다.

"응. 오랜만에 만나서 좋은 시간 보내려고 했는데, 자꾸 말꼬리를 잡고 비꼬는 거야. 무시받는 느낌이 들어서 집에 와서 진짜 기분이 안 좋았어."

은혜가 말했습니다.

"너는 친구 역할에 충실했는데, 친구가 기분 나쁘게 한 거잖아? 그럴 때는 그 역할을 계속할지 말지 결정할 수 있어. 만약 친구가 계속 그러면, 친구 역할을 안 할 수도 있는 거지."

친구가 물었습니다.

"친구 역할을 안 한다는 게 무슨 뜻이야?"

은혜가 대답했습니다.

"친구 역할을 계속할지 말지를 결정하는 거야. 만약 그 친구가 너를 친구로 생각하지 않는다면, 너도 친구 역할을 안 하는 게 맞지 않겠어? 친구 역할을 포기할 수도 있는 거지."

친구가 대답했습니다.

"다음에 만나서 또 그러면 생각해 볼게. 하지만 다른 친구들 때문에 그 친구를 완전히 안 볼 수는 없을 것 같아."

은혜가 말했습니다.

"그럼 친구가 아닌 다른 역할로 만나봐."

친구가 물었습니다.

"친구가 아닌 다른 역할? 그게 무슨 뜻이야?"

은혜가 대답했습니다.

"친구로 만나면 상처받잖아. 상처를 덜 받을 수 있는 다른 역할을 미리 정하고 만나는 거야. 예를 들어, **'심리 상담가'** 같은 역할로. 미리 역할을 정하고 만나면, 훨씬 효과적일 거야."

친구가 말했습니다.

"역할 설정, 정말 좋다! 다음엔 '심리 상담가'라고 내 역할을 정하고 만나봐야겠어! 또 다른 간단하고 효과적인 역할 팁 있어?"

은혜가 대답했습니다.

"**휴식 역할**. 너 피곤하다고 하면서도 쉬지 않고 SNS하고 인터넷 하잖아. 휴식 역할을 확실히 정하면, 잠깐 쉬더라도 진짜 휴식을 할 수 있어. 도움이 될 거야."

이야기 9

은혜는 어떤 장소에 가기 전에 **'내가 그곳에서 어떤 역할을 할까?'**라고 생각하며 그곳에서의 자신의 모습을 상상합니다.

사람을 만나기 전에도 **'내가 그 사람을 어떤 역할로 만나는 거지?'**라고 생각하며 그 사람과의 만남을 상상해 봅니다.

장소나 만남에 따라 자신의 역할을 미리 생각해 보는 것은 실제로 도움이 됩니다. 머릿속에서 역할 준비 과정이 자연스럽게 진행되면서, 맡을 역할에 실질적인 도움이 되는 아이디어가 떠오르기도 합니다. 이렇게 하면 실수가 줄어들고, 긍정적인 인상을 남기는 경우가 많습니다.

은혜는 역할을 활용하는 생활이 점점 더 편하고 자연스럽게 느껴집니다. 역할을 설정하고 활용할수록 그 효과를 더욱 실감합니다.

은혜는 책을 읽을 때도 역할을 설정합니다. 어떤 정보나 근거를 찾기 위해 책을 읽을 때, 그 책에서 얻고자 하는 것을 명확히 정하고, **'책에서 정보 찾기 역할'**을 한다고 생각하며 책을 봅니다. 이렇게 하면 두꺼운 책에서도 필요한 부분을 금방 찾아내어 업무에 큰 도움이 됩니다.

이야기 10

역할을 설정하는 것은 '내 삶을 내가 결정하는 것'입니다. 그러나 이를 위해서는 자신에 대해 깊이 알아야 합니다. 자신이 어떤 역할을 하고 싶은지 명확히 알 때, 그 역할을 더 잘 수행할 수 있습니다. 삶에서 맡고 싶은 역할을 분명히 알고 있으면, 언젠가 그 역할을 맡게 될 것입니다.

역할은 시간을 소중하게, 원하는 대로, 그리고 집중해서 활용할 수 있게 해줍니다. 은혜는 자신의 여러 역할을 아끼고 사랑하며 존중합니다. 필요할 때는 새로운 역할을 만들기도 하고, 필요하지 않을 때는 그 역할을 없애기도 하며, 스스로 역할의 관리자가 됩니다.

은혜는 역할을 잘 관리할수록 삶의 만족도도 높아질 것이라는 확신을 가지고 있습니다. 그래서 **하루하루 그 순간의 역할에 집중합니다.** 기계적으로 일만 하는 것이 아니라, **자신이 무엇을 하고 있는지 알고 시간을 보낸다는** 의미입니다.

은혜는 **역할을 통해 자신이 하고 있는 일과 시간을 더욱 잘 인식**하게 됩니다.

역할 확장

역할의 개념을 확장하여 활용하는 방법입니다.
생활과 삶에 도움이 되시길 바랍니다.

역할 부여 – 태그(Tag)

삶은 사람과의 관계로 이루어집니다. 사람을 이해하고 아는 것은 세상을 살아가는 데 가장 중요한 지식입니다. 그러나 우리는 종종 사람과의 경험을 기억하거나 배우려 하지 않습니다. 어떤 사람을 경험했다면, 그 사람을 파악하고 기억해야 합니다. 긍정적이든 부정적이든, 상대방에 대한 경험을 잊지 말고 기억해야 합니다. 이러한 경험을 분류하고 축적하여 사람에 대한 지식을 쌓아야 합니다. 그렇게 함으로써, 만남은 배움이 될 수 있습니다. 이 배움은 다른 누구를 위한 것이 아니라, 결국 자신을 위한 것입니다.

나라가 역사를 기록하듯, 개인도 다른 사람과의 관계에 대한 기억을 중요하게 간직해야 합니다. "역사를 잊은 민족에게 미래는 없다."는 말처럼, 자신의 경험을 통해 얻은 주변 사람들에 대한 기억을 소중히 여긴다면, 이는 삶에 큰 도움이 될 수 있습니다. 최소한 그들이 나에게 긍정적인 역할을 했는지, 아니면 부정적인 역할을 했는지 정도는 기억하고 학습해 두어야, 다양한 상황에서 현명한 판단을 내릴 수 있습니다. 이러한 기억이 소중히 쌓이면, 이는 곧 삶의 지혜로 이어집니다.

그래서 역할은 마치 '태그(Tag)●'와 비슷합니다.

자신에게도, 타인에게도 모두 그렇습니다.

타인에게 스스로 만든 역할을 태그처럼 부착할 수 있습니다.

역할을 태그처럼 활용하여 사람을 이해하고 알아가는 배움에 도움이 되길 바랍니다.

- '태그(Tag)'는 SNS에서 특정한 내용, 주제, 위치 또는 사람들을 지정하거나 관련된 콘텐츠를 구분하기 위해 활용되는 키워드 또는 레이블입니다.

역할 부여 – 타인, 장소

당신을 힘들게 하는 사람이 있나요?

그렇다면 그 사람에게 마음속으로 '스승님' 역할을 부여해 보세요.

그 사람으로 인해 어려움을 겪을 때마다,

'스승님께서 또 가르침을 주시는구나. 역시 인생엔 배울 게 많다. 이번엔 무엇을 배울까?'

라고 생각해 보세요.

또는 그 사람에게 '라디오' 역할을 부여해 보세요.

'오늘은 라디오에서 안 좋은 소리가 많이 들리네.'

장소에도 역할 설정을 통해 능동적인 의미를 부여할 수 있습니다.

회사는 생계를 위한 장소이지만, '인생 학교'라는 특별한 역할을 부여해 보세요.

회사의 경험을 인생에서 중요한 배움으로 받아들이면, 그 느낌이 조금 달라질 것입니다.

타인과 장소에 특별한 역할과 의미를 부여해 보세요.

자신이 받는 느낌을 스스로 바꿀 수 있으며, 어려운 상황에서도 긍정적인 시각을 가질 수 있습니다.

역할 부여 - 해야 할 일(타인)

다른 사람에게 역할을 부여하는 것도 큰 힘이 있습니다.

어떤 일이나 변화가 필요할 때, 그 일을 직접 말해주는 대신 역할로 제시할 수 있습니다.

목표나 해야 할 일을 단순히 지시하는 것보다, 그 시기나 상황에 맞는 역할을 알려주는 것이 이를 달성하는 데 더 효과적입니다.

준비가 되어 있을 때, 필요한 역할로 변화를 제시하면, 상대방은 더 능동적이고 주체적으로 그 역할을 수행할 가능성이 높아집니다.

다만, 이는 상대가 그 역할의 필요성을 인정하고 받아들였을 때 가능해집니다.

어떤 역할이든 자신이 맡아야 할 역할이라고 생각하고 받아들일수록, 그 역할에서 요구되는 일을 이룰 가능성이 높아집니다.

역할 부여 - 신체

신체의 특정 행동을 개선하기 위해 역할을 적용할 수 있습니다.

두뇌 - 나를 소중히 여기며, 선택과 결정을 신중하게 내리는 역할
눈 - 좋은 것을 보면 기억하고, 나쁜 것은 피하는 역할
입 - 날카로운 말을 삼가는 역할
손 - 항상 깨끗하게 유지하고 조심스럽게 움직이는 역할
다리 - 건강을 위해 가능한 한 서 있거나 움직이는 역할

역할 부여 - 롤 모델

멘토 또는 롤 모델로 생각하는 사람이 있나요?

이제는 그 사람 자체를 멘토로 생각하는 것이 아니라, 그 사람의 특정 역할을 멘토로 삼으세요.

배움이 더 빠르고 구체적으로 이루어질 수 있습니다.

역할 인식 확장

당신은 지금 삶의 어느 시기에 위치해 있나요?
이 시기는 당신에게 어떤 의미가 있나요?
현재 시기에 중요한 것과 소중한 것은 무엇인가요?

삶의 전반을 바라보며, 지금 필요한 역할이 무엇인지 생각해 보세요.
필요한 역할이 있다면, 앞서 배운 방법대로 실행해 보세요.
필요한 역할을 필요한 시기에 수행할 수 있습니다.

역할 성장과 영향

역할을 통한 성장과 자기 확신

우리 각자에게는 여러 가지 역할이 있습니다.

그중에는 잘해내는 역할도 있고, 그렇지 못한 역할도 있습니다.

잘한 역할에서는 성취감을 느끼고, 부족했던 역할은 내일 더 잘하면 됩니다.

역할을 활용한 하루하루가 쌓이면, 삶을 스스로 변화시키고 성장할 수 있다는 자기 확신이 생깁니다.

이 자기 확신은 누가 만들어 준 것이 아니기 때문에 더욱 깊고 굳건합니다.

역할 인식과 그 영향

역할과 관련하여 주의해야 할 부분이 있습니다.

부여된 역할과 스스로 인식한 역할은 모두 정체성에 큰 영향을 미칩니다.
따라서 자신과 타인의 역할에 대해 이야기할 때는 항상 주의가 필요합니다.

자신의 역할과 정체성에 대해서는 늘 긍정적인 생각을 가져야 합니다.

특히 아이들에게는 역할에 대한 이야기가 더 큰 영향을 미칠 수 있습니다.
아이들에게 역할에 대해 이야기할 때는 각별히 신중해야 합니다.

2부

시간 인식

시간 인식

모든 시간에는 목적이 있습니다.

시간은 연속적이지만, 목적으로 구분될 수 있습니다.

시간에 따라 구분되는 목적을 깨닫는 것은, 역할을 인식하는 것입니다.

역할을 인식하며 시간을 보내는 것은, 그 시간의 목적을 인식하며 보내는 것입니다.

시간의 종류

시간은 쌓는 시간과 흘려보내는 시간으로 나뉩니다.

1. 쌓는 시간

쌓는 시간은 목적을 갖고 그 목적을 인식한 상태에서 원하는 결과를 얻거나 이루기 위해 행동을 반복하고 개선하며 보내는 시간입니다.

시간을 쌓기란 무척 힘들어서, 시간을 쌓는 데 성공한 사람들은 목표한 것 이상의 성과를 얻게 됩니다.

시간 쌓기가 어려운 이유는 목적을 갖기가 어렵다는 것에서부터 시작됩니다.

목적을 갖더라도 많은 시간 그 목적을 인식하며 그것을 반복하고 개선하기가 어렵습니다.

어느 순간 행동의 반복만 남을 뿐 개선이 사라지기도 합니다.

2. 흘려보내는 시간

흘려보내는 시간은 일상적인 시간입니다.

시간의 목적

아주 작고 사소한 행동에도 목적이 있습니다.

그러나 자동적으로 생각과 행동이 이어져 깨닫기 어려울 수 있습니다.

시간의 흐름에 따라 목적은 변합니다.

시간의 흐름에 따라 나의 상태가 바뀌고 나의 생각이 변하기 때문입니다.

목적이 부여된 시간은, 쌓는 시간이 될 수 있습니다.

그 시간에 그 역할임을 인식하는 것은, 시간을 쌓는 방법이 될 수 있습니다.

소중한 당신을 위해
시간을 쌓으세요.

참고 문헌 및 자료

| 참고 문헌 |

- 구제 고지, 《감정 정리의 힘》, 번역 동소현, 다산3.0, 2016
- 양은우, 《뇌를 알고 행복해졌다》, 비전코리아, 2021
- 캐럴 드웩, 《마인드셋》, 번역 김준수, 스몰빅라이프, 2023
- 김경일, 《마음의 지혜》, 포레스트북스, 2023

| 참고 논문 |

- Rinn, Anne N. "Academic and Social Effects of Living in Honors Residence Halls", Journal of the National Collegiate Honors Council, vol. 5, no. 2, 2004, pp. 67-79.
- Grube, Jean A., and Jane Allyn Piliavin. "Role Identity, Organizational Experiences, and Volunt eer Performance." Personality and Social Psychology Bulletin, vol. 26, no. 9, 2000, pp. 1108-1120.
- Marks, Stephen R., and Shelley M. MacDermid. "Multiple Roles and the Self: A Theory of Role Balance." Journal of Marriage and the Family, vol. 58, no. 2, 1996, pp. 417-432.
- Burke, Peter J., and Donald C. Reitzes. "The Link Between Identity and Role Performance." American Sociological Review, vol. 54, no. 1, 1989, pp. 83-92.
- Zimbardo, Philip G. "The Pathology of Imprisonment." The Naval Research Reviews, vol. 30, no. 9, 1971, pp. 4-17.

시간의 목적

초판 1쇄 발행 2024. 11. 20.

지은이 Peter Kim
펴낸이 김병호
펴낸곳 주식회사 바른북스

편집진행 황금주
디자인 양헌경

등록 2019년 4월 3일 제2019-000040호
주소 서울시 성동구 연무장5길 9-16, 301호 (성수동2가, 블루스톤타워)
대표전화 070-7857-9719 | **경영지원** 02-3409-9719 | **팩스** 070-7610-9820

•바른북스는 여러분의 다양한 아이디어와 원고 투고를 설레는 마음으로 기다리고 있습니다.

이메일 barunbooks21@naver.com | **원고투고** barunbooks21@naver.com
홈페이지 www.barunbooks.com | **공식 블로그** blog.naver.com/barunbooks7
공식 포스트 post.naver.com/barunbooks7 | **페이스북** facebook.com/barunbooks7

ⓒ Peter Kim, 2024
ISBN 979-11-7263-839-9 03190

•파본이나 잘못된 책은 구입하신 곳에서 교환해드립니다.
•이 책은 저작권법에 따라 보호를 받는 저작물이므로 무단전재 및 복제를 금지하며,
이 책 내용의 전부 및 일부를 이용하려면 반드시 저작권자와 도서출판 바른북스의 서면동의를 받아야 합니다.